왜 나는 아직도 기독교를 믿는가

Why I am Still a Christian? by Hans Küng
왜 나는 아직도 기독교를 믿는가?

왜 나는 아직도 기독교를 믿는가

초판 1쇄 발행 | 2014년 6월 27일
초판 2쇄 발행 | 2014년 9월 10일

지은이 | 한스 큉
옮긴이 | 김근수, 윤세웅
펴낸이 | 정갑수, 최원준
펴낸곳 | 열린세상
디자인 | 디자인포름

등록 | 제300-2005-83호
주소 | 서울시 서초구 방배천로 6길 27, 104호
전화 | 02-876-5789 팩스 | 02-876-5795
이메일 | softspeech@naver.com
ISBN | 978-89-92985-31-4 03230

· 책값은 뒤표지에 표기되어 있습니다.
· 잘못 만들어진 책은 구입하신 서점에서 바꾸어 드립니다.

왜 나는 아직도 기독교를 믿는가

한스 큉 지음

김근수 · 윤세웅 옮김

- 추천의 글 -

그리스도교의 민낯을 드러내다

한스 큉이다! 또 한스 큉이다! 그의 책이 한국말로 번역된 것이 스무 권 남짓하다. 그런데 여기에 한스 큉의 『왜 나는 아직도 기독교를 믿는가』를 슬며시 내어놓는다. 왜 또? 한스 큉은 현대 로마가톨릭교회의 대표적인 신학자이다. 물론 로마가톨릭 내부의 일부는 그를 눈엣가시나 애물단지로 여길지도 모른다. 하지만 개신교 신학자의 눈에도 한스 큉은 현대 그리스도교 전체를 대표하는 그리스도교 지성인이다. 그처럼 자신의 신앙에 애정을 가지면서, 동시에 한계와 경계를 뛰어넘고자 자신의 전통을 비판적으로 성찰하는 신학자도 드물다.

"왜 나는 아직도 그리스도인인가?" 다소 촌스럽고 식상할 수도 있는 질문이다. 그가 '왜', '아직도', '그리스도인'에 대한 이야기를 하는 까닭은 무엇인가? 제목만 보면 버틀란

드 러셀의 〈나는 왜 그리스도인이 아닌가?〉의 대척점에 서 있는 것 같다. 『왜 나는 아직도 기독교를 믿는가』에서 한스 큉은 가치관의 혼돈 시대에 그리스도교의 새로운 각성을 촉구하고, 새로운 동기와 자세, 행동과 목표를 진솔하게 말한다. 자신의 시대가 제기하는 질문을 직시하면서 정면 돌파를 시도하고 있다. 그것도 사람들이 지난 시대의 상품으로 이제는 폐기된 운명에 처한 그리스도교를 가슴에 소중하게 품고서 뛰어나온다. 가치관의 혼란 시대인 오늘날 그리스도교는 여전히 현대의 위기를 풀어나갈 수 있는 유용한 자산이라고 갈파하는 그에게서 휴머니스트 그리스도인의 모습을 본다. 동시에 하느님과 예수에 대한 이야기와 그리스도교의 가치에 대한 헌신에서 그가 천상 신앙인이며 사제이며 신학자임을 다시 확인한다.

한스 큉은 자신의 대화 속에 그리스도인뿐만 아니라 비그리스도인을 대상으로, 심지어 회의주의자까지 초청한다. 그는 이들과 대화 속에서 과거 그리스도교의 잘못에 대한 지적을 솔직히 수용한다. 나아가 로마가톨릭이 나사렛 예수의 길과 다른 길을 가고 있다고 돌직구를 날린다. 그는 진정한 그리스도와 현실의 그리스도교를 구분하면서, 포장된 현실 교회의 이면에 있는 그리스도교의 민낯을 드러내려 한다. 게다가 한스 큉은 이런 이야기를 로마가톨릭과 다른 그리스도교 종파와 다른 종교와 세속이 만나는 경계선 위에서 진행한다. 사제로서 학자로서 그의 삶이 녹록치 않았던 것이 다 이런 이유 때문이다.

『왜 나는 아직도 기독교를 믿는가』는 한스 큉이 자신의 대답을 간결하고 쉽게 정리하려는 책이다. 얇지만 이 책의 내용은 간단하거나 말랑말랑하지 않다. 술술 잘 넘어가는 달콤한 호박죽이나, 부드러운 홍시 같은 내용이 아니다. 고슬고슬하게 갓 지어낸 현미밥 같다. 마음속에 넣고 곰곰이 되새겨 씹으면 단맛으로 가득해지는 그런 책이다. 지금도 그리스도교 안에서 뛰쳐나갈 것을 고민하는 사람들, 여전히 그리스도교 주위에서 맴도는 사람들, 때때로 그리스도교를 향해 비판의 칼을 가는 사람들 모두 손에 쥐어보라고 권한다. 오랜 기간 발효되고 숙성된 장맛에서 나오는 은근한 단맛, 이 책이 그런 맛을 풍긴다.

신재식_호남신학대학교 조직신학교수

- 추천의 글 -

한스 큉은 20세기 가톨릭교회가 낳은 가장 위대한 신학자 중 하나입니다. 그는 가톨릭교회의 변혁적 사건으로 기억될 제2바티칸공의회에 신학자문위원으로 참여하여 공의회의 정신을 구축하고 또 그것을 전 세계의 그리스도교회에 확산시키는데 큰 기여를 하였습니다.

특히 그는 오랫동안 소원했던 가톨릭교회와 개신교회 사이의 화해와 일치를 위해 많은 노력을 하였을 뿐만 아니라, 가톨릭사제로서 교황 무류설을 비판하는 등 교황청과의 갈등을 감수하면서까지 왜곡된 교회의 전통을 바로 세우는 일에 앞장을 선 용기 있는 비판적 지식인이라고 말할 수 있습니다.

한스 큉은 〈교회〉라는 저서를 비롯하여 수많은 책과 논문을 통해 현대인들에게 그리스도교사상과 신앙의 정수를 가르쳐왔습니다. 그리고 그는 본 저서를 통해 그동안 역설해 온 자신의 신학사상을 쉽게 요약정리해 주고 있습니다.

따라서 방대한 한스 큉의 신학사상을 한 눈에 알고 싶은 독자들은 이 책을 나침반 삼아 좀 더 용이하게 그의 사상에 접근할 수 있을 것입니다.

무엇보다 우리 시대에 많은 신자들이 전통적인 그리스도교의 가르침을 의심하며 그 신앙을 포기하고 교회를 떠나는 현실에서, 그는 왜 그럼에도 불구하고 여전히 그리스도인인지에 대하여 이 책에서 솔직 담백하게 고백하고 있습니다.

그러므로 그리스도인이라는 자아정체감에 큰 위기를 겪고 있는 많은 현대의 그리스도인들에게 이 책은 매우 유익하리라 여겨지기에 기꺼이 추천하는 바입니다.

손원영_서울기독대학교 신학전문대학원 교수

- 추천의 글 -

'기본으로 돌아가라Back to the basic'라는 말이 있습니다. 그 어느 때보다도 이 시대가 되새겨 볼만한 말입니다.

삶의 근본적 가치와 의미를 잃어버린 채로 세상의 병은 깊어만 가고, 이 시대 많은 교회들의 실망스런 모습들은, 교회 안에서 조차, 신자들이 가지는 신앙의 근거가 뿌리 채 흔들고 있습니다. 그럼에도 불구하고, 이 불확실성과 혼돈의 시대 속에서 '왜 난 그리스도인일 수밖에 없는가?, 기독교진리의 근원적 가치와 신앙의 이유에 대해 한스 큉은, 진솔하고 담담하게, 그러나 확신에 찬 어조로 우리에게 답하고 있습니다. 객관적이고도 솔직한 자성과 비판의 글을 통해, 여전히 그리스도인이라는 정체성 안에서, 그가 가지는 소망과 근본가치에 대한 뜨거운 사랑과 열정과 확신을 우리에게 확인시키고 있습니다.

세상의 것들을 궁극적 가치로 삼을 때, 그것들은 인간을 노예화합니다. 유일하고 참되고 전능하신 창조주를 지향할 때만이 인간은, 세상으로부터 해방되고 세상에서 살아가고 세상과 함께 스스로를 실현하게 되는 것입니다. 크고도 놀라우신 사랑으로 그분은, 지금도 우리에게, 죄와 노예의 길에서 돌이켜 '나에게로 돌아오라'고, 자유자의 자리로 부르십니다.

진보적인 신학자로서 교회의 일치 문제에 대한 한스 큉의 반성과 비판은, 우리에게 바울 사도의 빌립보서 2:2절 말씀, '마음을 같이하여 같은 사랑을 가지고 뜻을 합하여 한 마음을 품으라'는 말씀을 돌아보게 합니다. 예수를 믿는다는 사실, 즉 예수를 믿고 깨닫게 된 내가 죄인이라는 사실과 대속의 은혜로 자녀가 되었다는 사실, 교회의 하나됨의 근거는 바로, 다른 어떤 것이 아닌, 예수를 믿는다는 사실 하나로 하나가 됨을 돌아보게 합니다.

'왜 난 아직도 그리스도인일 수밖에 없는가?' 혼돈과 절망의 시대에 살아가면서, 이제 우리 신앙의 이유를, 그 자조적인 질문에 대한 답을 찾고자 하는 모든 이에게 추천합니다.

이 시대 한국 교회에 대한 근본적인 실망과 좌절을 맛보지 않은 사람은 드물 것입니다. 그러나 우리가 자조적인 냉소주의자가 될 수 없는 이유가 있습니다. 오직 그리스도 안에 희망이 있기 때문입니다. 소망이 없어져 가는 이 시대에, 오직 그리스도 안에 소망이 있기 때문입니다.

교회와 교회 주변에서 흘러나오는 실망스런 얘기들이 이제 더 이상 새삼스럽지 않습니다. 그것을 판단하고 비난하고 개탄하는 말들 또한 이제 더 이상 새롭지 못한 현실입니다. 무엇인가 잘못되어 가고 있음을 느낄 때 우리는, '기본으로 돌아가라Back to the basic'라고 말합니다. 『왜 난 아직도 기독교를 믿는가』는, 기독교가 가지는 근본적 가치와 기독교인의 정체성에 대해, 기본으로 돌아가, 스스로를 돌아보도록 우리를 도전합니다.

강현구_기쁨교회 담임목사

- 추천의 글 -

그리스도인으로 존재하는 것이 의미가 있을까? 예수를 제대로 따르려면 교회를 떠나야 할까? 교회를 떠나는 이유가 교회에 남아있을 이유보다 훨씬 많은 시대에 우리는 살고 있다. 저명한 가톨릭신학자 한스 큉은 이 주제에 솔직히 답한다. 큉처럼 교회 안에서 교회 탓에 고통을 겪는 신학자의 말은 그 진지함과 무게에서 예사롭지 않다.

한스 큉이 가톨릭교회에 남아있다는 사실이 곧 기적이다. 아니 그 정도의 신학자인 까닭에 교회에 남아있는 것이다. 생존하는 가톨릭 신학자 중에 한스 큉처럼 그리스도교 분열을 슬퍼하는 이가 또 있을까. 교회일치를 위해 한스 큉처럼 평생을 바쳐온 가톨릭 신학자가 또 있을까.

한스 큉은지금 파킨슨씨병으로 마지막 고통을 겪고 있다. 독일 튀빙겐대학에서 함께 교수생활을 했던 교황 베네

딕토 16세와 한스 큉이 화해의 만남을 갖기를 기대한다. 지상 순례의 길에서 마지막 만남이 되리라. 내 가슴이 저미는 심정으로 이 책을 추천한다.

그리스도인으로 존재하는 이유를 우리도 써 보자. '왜 나는 그리스도인이 아닌가' 라고 철학자 러셀처럼 시도하는 것도 좋겠다. 사도신경을 내 방식으로 쓰는 것은 혹시 어떨까. 내 삶의 의미를 찾아가는 길이겠다.

김근수_가톨릭 신학자

- 한국어판 서문 -

우리는 변화의 시대에 살고 있고, 그 변화와 함께 한국인들로 방향성을 찾고 있을 것이다. 세속적이고 다원적인 사회에서 아마 한국의 그리스도인들은 스스로 질문할 것이다. 왜 우린 그리스도인이어야 하는가?

이 책은 이런 질문에 분명한 대답을 제시하고자 했다. 개방적인 보편교회의 입장에서 모든 그리스도인들에게 호소하려고 했다. 다소 진보적인 면이 있지만 이 책은 분명히 복음 안에 뿌리를 두고 있다. 하지만 한국의 그리스도인들도

한번쯤 일치된 보편 그리스도교에 대해 고민하게 할 것이다.

이 책은 다른 종교의 믿음에 반대한다거나 배타적인 태도를 보이고자 하는 의도는 없다. 우리 그리스도인이 다른 종교의 신념을 모두 같이 할 수는 없지만 우리는 다른 종교들을 존중하고 그 신도들과의 대화를 허심탄회하게 하고 싶다.

분명히 그리스도인에게 신앙의 공유가 중요하지만 우리는 예수가 중시했던 도덕적 행동과 윤리를 져버려서는 안 된다.

바라건대 이 작은 책자가 많은 그리스도인으로 하여금 무엇이 중요한 것인지를 자각하고, 예수를 자신의 인생길, 진리 그리고 인생의 지표로 삼는데 도움이 되기를 바란다. 아울러서 이 책의 한글판에 관심이 있는 모든 사람들에게 감사하고 특히 번역을 주도한 김근수와 윤세웅에게 감사한다.

2014년 5월 1일 튀빙겐에서

한스 큉

- 서문 -

그리스도교 교회 안에서나 밖에서 사회적으로 혼란과 격변의 시대에는 그리스도교 신학자들은 이로 인한 도전을 철저하면서도 비판적으로 반성하고 고민해 보아야 한다. 이러한 비판적 숙고와 반성에 대한 나의 의견은 『On Being a Christian』과 『Does God Exist』[1] 그리고 『Eternal Life』등의 저서를 통해 제시한 바 있다. 그러나 이러한 책들이 너무도 두껍고, 지나치게 어려운 학문적인 언어로 쓰여 바쁜 현

1 1994년 분도출판사에서 『신은 존재하는가. 1』로 번역출판

대인들에게는 읽기 벅차다는 점을 나는 늘 고민하였다. 또한 바쁜 현대인들도 교회와 사회가 급변하는 현 시대상황에 늘 관심을 두고 있으며, 신앙의 확신이 없는 그리스도인이 오늘날 그리고 미래에 무엇에 의존하여 살지 고민하고 있음을 역시 나는 잘 알고 있다.

따라서 나는 그리스도교 신앙의 의미에 대하여 다른 곳에서 방대하게 썼던 것들을 이 조그만 책으로 가급적 쉽고 간결하게 정리하고자 하였다. 이 책으로 어렵고 딱딱하게만 느껴졌던 신학 책을 읽어볼 시도를 못했던 많은 독자들에게 도움이 되기를 바라는 마음이다.

튀빙겐에서

한스 큉

- 차례 -

제2장 우리는 어떻게 지킬 것인가?

제3장 그리스도가 나누어졌다는 것인가?

제1장

정신적 혼란에 빠진 사회에서의 그리스도교 신앙

1
정신적 혼란과 그리스도교 신앙

오늘날 우리는 무엇에 의지하여 살 것인가? 우리는 무엇을 추구할 것인가? 나는 비관론자는 아니지만 오늘날 전 세계적으로 인류가 심각한 가치관의 혼돈 속에 살고 있다는 것은 분명한 사실이다. 1960년대 말 유럽의 청년·학생혁명(68혁명)[2]이후로는 어떠한 가치체계도 위기를 겪지 않거나 심각한 도전을 받지 않는 것이 없다. 오늘날 도전을 받지 않는 권위가 있을까? 우리는 이렇게 말하는 것을 듣곤 한다. 교황이, 주교가, 교회가 그렇게 말했다고. 또는 수상이, 정부가, 정당이 그렇게 말했다고. 또는 선생님이, 교수가, "우리 아버지가" 말한 것이라고. 오늘날 우리는 권위에 호소하여 과연 논쟁—시위示威를 막는 것은 차치하고라도—을 해결할 수 있을까? 그렇지 않다. 국가, 교회, 법원, 군대, 학교, 가족 이 모두가 불안정하다. 이들 모두는—젊은이들은 그 권위를 거의 받아들이지 않는다.—의구심이 제기되는 가치 제공자일 뿐이다.

기존의 권위, 전통과 삶의 방식에 대한 비판적인 의문제기로 그것의 가치도 역시 의문시 되고 있다.

따라서 필연적으로 자유와 해방의 흐름이 나타났지만, 예상보다는 그것은 훨씬 멀리 나아갔다. 과거의 금기를 해체하려는 치밀한 노력은 대개 창조적이기보다는 파괴적이

2 1968년 5월 프랑스에서 일어난 사회변혁운동으로 5월 혁명이라고도 부른다. 1968년 미국이 베트남을 침공하자 이에 항의해 "아메리칸 익스프레스"의 파리 사무실을 습격한 대학생 8명이 체포되자 이들의 석방을 요구하는 학생들의 대규모 항의시위가 이어지면서 발생하였다. 여기에 노동자들의 총파업이 겹치면서 프랑스 전역에 권위주의와 보수체제 등 기존의 사회질서에 강력하게 항거하는 운동이 일어났고 이는 남녀평등과 여성해방, 학교와 직장에서의 평등, 미국의 반전, 히피운동 등 사회전반의 문제로 확산됐다. 시위대는 정부가 대학교육문제와 유럽공동체체제하에서의 사회문제를 해결할 것을 요구했다. 68혁명은 프랑스뿐만 아니라 미국, 일본, 독일 등 국제적으로 번져나갔다(네이버 지식백과 "68혁명" 편집).

었고, 오늘날 많은 사람들에겐 도덕이라는 것이 상대적인 개념이라는 결론에 도달하게 만들었다. 그것은 결코 해방이 아니었다. 사람들의—특히 청소년들의—삶의 근거가 뿌리 채 흔들렸고, 삶을 무의미하게 만들어버려, 범죄나 극단적인 종파, 정치적 광신주의나 테러로까지 나아가게 만들었다.

이 같은 전반적인 가치기준의 위기는 현대사회를 아무도 해결할 수 없는 혼란으로 몰아넣었다. 가치기준은 그 존재의미마저도 파악할 수조차 없게 되었다. 우리들의 조부모세대에게 종교 또는 그리스도교는 개인적인 신념의 문제였다. 부모세대에게는 그것은 최소한 전통이고 "올바른 것the done thing"이었다. 그러나 "해방된emancipated" 자녀세대에게는 점차적으로 그것은 과거의 유산이 되어 구속력이 없어지고 있다. 지나가버린 구시대의 유산. 또한 니체가 예언하였듯이 종교와 함께 도덕자체도 역시 폐기되었다고 곤혹스러움을 표출하는 사람들도 있다. 왜냐하면—점점 더 분명해지고 있다.—이성만으로 철저히 합리성에만 기초하여 어떤 가치도 정당화하는 것이 쉽지는 않기 때문이다. 프로이드가 하려고 하였듯이.

그는 자유가 억압보다는, 사리사욕보다는 공평함이, 폭력보다는 비폭력이, 증오보다는 사랑이, 전쟁보다는 평화가 어떠한 경우에도 더 좋은 것임을 이성만으로 입증하려고 했다. 그러한 입증은 실패했다. 그렇다면 더 노골적으로 우리는 말할 수 있다. 우리의 이익이 된다면 그리고 우리가 행복해질 수 있다면 거짓말, 도둑질, 간통 또는 살인을 하지 말아야 할 이유는 없지 않은가? 아니 왜 우리는 인간적이어야 하고 정의로워야 한단 말인가?

선善이라는 것이 단지 나의 이익이 되거나, 내가 속한 집단, 정당, 계급, 민족의 이익이 되거나, 나의 비즈니스나 단체의 이익을 말하는 것인가? 이것은 개인적인 이기심이나 집단 이기주의의 문제는 아닐까? 사실 일부 생물학자나 문화인류학자들은 동물과 마찬가지로 인간의 이타심이나 사랑도 생물학적으로 유전된 고도로 발달된 이기심일 뿐이라고 설득력 있게 주장하고 있다. 그러므로 철학자들은 인식론에서 제기되는 의문점에 대해 무엇을 근거로 판단할 것인지 끊임없이 묻고 있다. 어떻게 진리와 허위를 구별할 것인지, 무엇이 주관적인 것이고 객관적인 것인지 그리고 무엇을 인정하고 무엇을 부정할 것인지에 대해서 말이다.

그러므로 의문은 여전히 남아있다. 순수하게 이성에 근거하여 무슨 방법으로 가치기준의 우선순위를 결정할 수 있을까? 근원적 가치를 도출하려는 순수한 철학의 논증도 결국 확실한 것을 제시하지 못했다. 이들 논증도 의문이 여전히 제기되는 일반화로 나아가고 말았다. 특히 자신의 이익이나 행복을 추구하는 것이 아닌 순수하게 희생적인 삶을 살아가는 예외적인 사람들의 사례를 설명하지 못하는 것이다.

심지어는 극단적으로 자신의 생명자체를 희생하는 경우 말이다.

오늘날 우리가 의존할 궁극적인 삶의 근거를 도대체 어떻게 알 수 있단 말인가? 분명 우리는 일상생활에서 세상의 행위규범, 교통법규, 처세법 같은 것을 많이 배우고 있다. 그러나 이러한 사회적 규범을 인간 삶의 가치근거로 삼을 수는 없다는 것을 우리 모두는 알고 있다. 오히려 법률규정, 사회적 통제, 사회조직이 강화되고 법률, 의무, 관습과 사회질서에 의존하여 평온하게 일상적 삶을 영위하지만 사람들은 정신적인 면에서는 혼란스럽고 인생의 방향감각을 잃고 있다. 그래서 사람들은 이를 극복할 수 있는 기준을 찾고 있다. 혼돈의 시대에 살고 있는 우리들은 궁극적 지향점, 궁극적 가치체계 또는 궁극적 귀의처를 열망하고 있는 것이다. 이 책의 주제는 피상적인 세상의 규칙이나 제도가 아니라 바로 근본적 가치를 탐색하는 것이다.

앞서 말했듯이 나는 비관론자가 아니다. 과거는 의미가 풍부하였지만 현대는 의미를 상실한 시대이다. 기성세대는 항상 젊은 세대를 "부정적"으로 평가한다.

그러나 우리가 젊은 세대를 바로 이해하고자 한다면 알아야 한다. 오늘날과 같이 역사적으로 유래가 없을 정도로 당혹스럽고 빠르게 사회가 변한 적이 없다는 점을. 이로 인하여 기존 가치관을 고수하는 것은 점점 어려워지고 정신적인 공허함과 불안함은 지속적으로 커지고 있다. 사람들은—젊은 세대거나 기성세대거나—자기 스스로의 힘으로, 혹은 매우 피상적인 방법으로 이를 해결하려 한다. 어떤 사람들은 점성술에 의존하여, 좀 과학적인 사고를 지닌 사람들은 생물학적인 사고를 가지고 살아간다. 어떤 사람은 체계적인 다이어트로, 어떤 사람은 요가로, 어떤 이는 집단치료요법으로, 어떤 이는 초월명상으로, 일부사람들은 정치적 활동으로. 이것은 개인의 가치관의 문제일 뿐만 아니라 인류전체의 문제이기도 하다. 윤리적 문제도 많다. 핵에너지, 유전자 조작, 시험관아기, 환경보호, 동서갈등과 남북갈등. 이러한 문제는 정말 판단하기도 어렵고 개인이 해결할 수도 없다. 오늘날 우리는 옛날보다 훨씬 해결해야할 문제는 많지만 어떻게 해야 할 지는 정말 모르고 있다.

이 작은 책으로 이 모든 복잡한 문제를 다룰 수 없음은 분명하다. 그러나 이 문제의 해결을 위하여 나는 본질적으로 중요한 점을 말할 수는 있다. 배움과 학위과정에서 교육적으로 좀 더 관심을 기울여야 할 점을 말할 것이다. 우리 모두가 무언가를 판단할 때 의존할 수 있는 초석 또는 혜안을 제시할 수 있으리라고 나는 생각한다. 그것은 근본적 의미를 위한 기초이자 근원적 그리스도교 가치이다.

2
이름뿐인 그리스도인과 진정한 그리스도인

이 책에서 나는 그리스도교인 뿐만 아니라 비그리스도교인 나아가 회의주의자를 감안하여 논의를 하고자 한다. 그리스도교를 믿는 사람이나 그리스도를 믿지 않는 사람이나 주요한 다음 세 가지 점에 대하여는 의견이 일치할 것이다.

- 오늘날 가치의 위기 속에서, 가치에 대한 최소한도의 의견일치마저 없다면 인류가 공존하는 것이 불가능하다는

것을 대부분의 사람들은 인정하고 있다. 일반적으로 인정된 기본적인 규범이나 가치(그런데 이러한 것들이 오늘날 분파별로 심각한 논쟁이 일고 있다.)에 대한 최소한의 동의마저 없다면, 수많은 갈등집단들로 인하여 국가가 제대로 기능할 수 있을지도 의문스럽다. 우리는 최소한 한 가지 점에 대하여는 의견이 일치한다고 전제할 수 있다. 법률시스템이 없이는 시민사회도 국가도 존재할 수 없다. 그러나 정의가 무엇인지 명확히 하지 않는다면 법률시스템도 존재할 수 없다. 그리고 윤리와 도덕개념이 없이는 정의개념도 존재할 수 없다. 또한 기본적인 규범, 가치관과 가치체계가 없이는 윤리나 도덕은 존재할 수 없다.

- 순전히 이성에 의하여 윤리를 도출해내는 것이 불가능하지는 않더라도 그것이 지극히 어렵다면 수천 년 동안 인류의 윤리와 가치에 근거를 제공한 현상의 의미와 기능을 완전히 무시할 수만은 없다. 다시 말해 종교현상이 가져온 영향을 생각하면 우리는 종교를 무시할 수 없는 것이다. 구속력 있는 절대권위가 없다면 특정한 인도적인 행위를 해야 할 절대적인 의무도 없다는 것을 인정할 수밖에 없다. 종교가 없다면 절대적인 도덕적·인도적 행위

도 윤리도 존재할 수가 없다. 그리고 만일 이러한 기능을 참 종교가 하지 않았다면 사이비종교 또는 유사종교일 것이다. 절대적이고 무조건적인 복종을 요구할 수 있는 유일한 권위는 결코 인간이 만들어 놓은 것은 아닐 것이다. 그것은 우리 인류가 신이라는 이름을 부여한 바로 그 절대자일 것이다.

• 그리스도 교인이든 그리스도 교인이 아니든 역사상 순수하게 인간적이고 근본적인 윤리와 가치는 늘 그리스도교인의 모습을 가졌음을 우리는 인정하여야 한다.

그런데 그것은 바로 인간의 행복에 중심을 두었다. 인간의 존엄성, 자유, 정의, 공동체 의식과 평화라는 가치를 존중하는 것이 그리스도교의 정신이었다. 그리스도교가 없었다면 이러한 가치들은 동양과 서양 모두에서 자의적으로 해석되는 모호한 개념이었을 것이고 지금도 명확하지 않았을 지도 모른다.(공산권의 인민공화국뿐만 아니라 조지 오웰의 『1984』에서 이것은 분명하게 드러났다.) 더군다나 우리가 좋아하던 좋아하지 않던 그리스도교의 메시지는 근본적인 윤리와 가치에 대한 의문제기에 단지 신학적이고 추상적인 답변만을 제공한 것은 아니다. 그것은 실천적이고 구체적인 답을 제공하였다.

미래는 젊은 세대의 몫이며 다음과 같은 절박한 질문에 직면할 세대는 다름 아니라 바로 젊은이들이다. "우리가 무엇을 하여야 할지 결정할 때 기준이 되었던 과거의 가치관을 진지하게 재고해야만 하는가?" 물론 나는 향수를 달랠 과거의 유물로 돌아갈 생각은 없다. 과거의 가치관에 대한 신뢰성이 비록 추락하였지만 과거의 잣대를 추론하여 미래를 구상하여야 할 것 같다. 어떤 잣대—격동하는 현대사회에서는 많은 것들이 그 신뢰성을 잃은 후에—가 위대한 인간 존엄성의 미래를 이끌어 줄 것인가? 가치 빈곤의 현대에도 근본적인 그리스도교 가치로 다시금 새롭게 우리를 재정립하게 할 수 있는 잣대 말이다."

그러나 여기서 짚고 넘어가야할 점이 있다.

나는 그리스도교를 믿지 않는 사람들이 제기하는 비판의 소리를 알고 있다. 그리스도교의 근본가치에 대한 비판을! 오늘날 그리스도인이란 대체 무엇을 의미하는가? 그리스도교는 이젠 끝났다고. 따라서 나는 그리스도교를 믿지 않는 사람들과 신앙이 없는 사람들과 대화하고 싶다. 또한 교회 밖의 믿지 않는 자뿐만 아니라 끊임없이 의심과 의문을 품고 있는 교회 내의—복음에 나오듯이 "저는 믿습니다. 하지만 저의 불신을 일으켜 세우소서."라고 말하는—불신자과도. 이들 모두에게 솔직하고도 정직한 답을 전하고 싶다.

솔직하고도 정직하게 말이다. 믿는 사람이건 믿지 않는 사람이건 권위적이고 이해하기 어려운 교의나 현실성 없고 편협한 도덕과 관련한 그리스도교의 근본가치를 모두 거부하더라도 나는 이를 비난할 수만은 없다. 수많은 그리스도교 성직자와 신학자들의 율법주의와 기회주의, 오만과 옹졸함에 분개하더라도. 만일 사람들이 그리스도교인의 피상적인 신앙생활, 많은 그리스도교 신문과 잡지의 진부함과 교회에 뜻있는 사람들이 없다고 공격한다면 나는 이들에 동조할 것이다. 결코 나는 그리스도교의 역사적인 오류를 간과하지만은 않을 것이다. 나는 그리스도교의 역사를 호도할 생각도, 그리스도교의 문제점들을 얼버무릴 생각도 없다. 우리들 유대교 형제자매에 대한 박해뿐만 아니라 십자군운동의 문제점, 이단재판, 마녀사냥과 화형 나아가 종교전쟁까지.

교회의 갈릴레오 재판을 비롯한 사상탄압과 인간—과학자, 철학자와 신학자—에 대한 오류투성이의 단죄. 그리고 사회, 권력과 사상에 대한 교회의 연루. 인간의 노예화, 전쟁, 여성, 계급, 인종과 관련된 문제에 대한 수많은 그리스도교의 오류. 수많은 국가에서 권력자들에 의해 자행되는 인간 멸시와 탄압받고, 억압받고, 수탈당하는 현실을 못 본 척하고 그들에게 협조하고 그들과 공모한 사실이 명백히 드러난 교회. 그리고 "인민의 아편"이 된 종교. 이러한 혹독한 비판은 모두 정당한 것이었다.

그러나 나는 되묻고 싶다. 이런 것을 정말로 "그리스도교"라고 말할 수 있을까? 믿는 사람이나 믿지 않는 사람이나 그것은 단지 구시대의 피상적이고 잘못된 그리스도교일 뿐이라고 주장할 수도 있다. 그러나 분명 그리스도교 세계는 "바로 이 그리스도교"에 대한 책임으로부터 벗어날 수 없다. 분명 이런 것이 심원하고 순수한 본래 의미의 그리스도교일 수는 없다. 이런 것은 어떤 경우에도 진정한 그리스도교일 수 없다. 아무리 예수의 이름으로 무언가를 하더라도 예수와는 거리가 멀다. 오히려 이것은 예수를 십자가의 고통으로 이끈 원인일 뿐이다. 이런 것은 사실상 사이비 그리스도교 아니 적 그리스도교이다.

"그리스도교"라고 부르는 것이 너무도 많다. 그러나 그리스도교라고 부른다고 다 그리스도교라고 할 수 있는가? 우리는 바로 이 질문에 답해야 한다. 그리스도교 교회에 다닌다는—확신을 가지고 다니는 나와 같이—사람들조차도 그리스도교 단체와 관련된 모든 것이 "그리스도교"라고 주장할 수는 없다.

결코, 이런 것을 진정한 그리스도교라고 부를 수는 없다. 오늘날 내가 속한 가톨릭교회에서 수백만 가톨릭 신자에게 문제가 되고 있는 것, 즉 예수 그리스도교 자신은 없고 교회당국 만이 있는 교회가 그 예일 것이다. 다시 말하면, 논란의 중심에 있는 로마가톨릭 당국은 그리스도교의 중심축인 나사렛 예수와 같은 길을 가고 있지 않다고 생각한다. 그리고 또한 나는 다음도 받아들일 수 없다.

- 인간에게 너무 무거운 짐을 지웠다고 바리새인[3]들을 비

3 율법을 철저히 지키는 사람들이다. 이들은 예수의 비난의 대상이 되었다. 예수가 바리새파의 율법적인 전통의 많은 부분을 거부하고(마르 7:1~23), 사람들을 그 무거운 짐으로부터 자유롭게 하여 주려고 하였다(마태 11:28~30).

판했던 예수가 오늘날의 "인위적인" 피임을 모두 중죄라 고 선언할 것이다.

- 특별히 죄인들을 초대했던 예수가 재혼한 사람들은 절대 초대하지 않을 것이다.
- 늘 여자들이 수행하였고(이들은 예수에게 생계를 제공하였다), 바울을 제외하고는 예수의 모든 사도들이 결혼생활을 하였음에도 모든 성직자들의 결혼을 금지하고 여성의 성직임명을 예수는 반대할 것이다.
- 일반 대중들을 깊은 애정을 갖고 가르쳤던 예수가 평신도로부터 성직지위를 박탈하여 천 년 이상 뿌리를 내린 사목[4] 제도를 붕괴시킬 것이다.
- 간음을 범한 여자를 돌보았던 예수가 혼전성교, 동성애와 낙태 문제와 같이 조심스럽고 엄밀한 결정을 요구하는 민감한 문제에 대하여 가혹하게 보수적인 결정을 내릴 것이다.

다시 예수가 돌아온다면 다음에 동의할 것이라고 나는

4 천주교나 성공회에서, 사제가 신도를 지도하여 구원의 길로 이끄는 일을 말한다.

믿지 않는다.

- 교파의 차이는 결혼의 장애요소이다. 실제로 교파가 다른 사람과의 결혼은 오늘날 성직자가 되려는 가톨릭 세속사제에게 장애요소로 작용하였다(개신교 목사가 되려는 자도 마찬가지이다).
- 개신교 목사의 성직임명과 개신교가 진행하는 성만찬[5]은 그 효력에 의문이 제기된다. 공개 성찬식open communion(세례를 받지 않은 사람도 참여하는 성찬), 성만찬의 교파 간 공동 진행, 교회와 교구센터의 교파 간 공동 사용, 교파 간 통일된 교회의 가르침을 인정해서는 안 된다. 교회가 공동화되어 가고 있는 이 시대에도 교파 간 공동(에큐메니칼, ecumenically) 주일예배는 금지되어야 한다.
- 논리적인 토론이나 공개적인 논의는 금지하며, 명령과 포고문으로 신학자, 대학의 성직자, 종교교육자, 저널리스트, 청년단체를 침묵시켜야 한다(가능하다면 징계와 재정

5 성찬이라고 하는데 그리스도교의 종교의식 중의 하나이다. 최후의 만찬 때 그리스도가 자신의 죽음을 기억하여 빵과 포도주를 나누라고 하였다는 성서구절을 따르는 의식이다. 그리스도인들은 성찬 때 예수 그리스도가 영적으로 또는 실제적으로 그들과 함께 한다고 믿는다.

적 수단을 동원하여).

그래서는 안 된다. 만일 우리가 진정한 그리스도인이라면 교회 때문에 인간의 자유와 권리를 남용해서는 안 된다. 우리는 교회 회의, 교회 모임과 교황 선출을 둘러싼 유럽, 제3세계와 남북North-South 간의 갈등 해결을 위한 긴급한 개혁요구를 그럴싸한 말로 넘겨서는 안 된다. 간단히 말해 교회와 교회 지도자에게 문제가 되지 않는 범위 내에서만 우리가 정의와 자유를 주장할 수는 없다.

예를 들자면 어떠한 견제도 없이 집행되는 교회의 재정지출에 대하여 적당히 얼버무리고 넘어가는 것은 용납할 수는 없다는 것이다. 로마, 시카고 등에서의 금전적 스캔들에 대해서도. 고래의 가톨릭 전통에 반하여, 성직자와 평신도 또는 교구사제평의회가 참여하지 않는 주교의 임명제도에 대해서도. 제2차 바티칸공의회에서 엄숙하게 선포한 주교의 나이제한(75세) 원칙을 계속 무시하는 것에 대하여도.

그러나 나는 이 모든 것을 숨김없이 언급할 것이다. 이는 나 자신의 만족을 위한 것이 아니며, 그것이 시의적절하건 아니건 이로 인해 징계를 받더라도 진실을 말하는 것이 신학자의 의무이자 책무이기 때문이다.

그리스도교라고 부르는 것들이 보여주는 사악함을 많이 알고 있고, 그리스도교에 대한 과학계, 학계와 일반대중의 커다란 거부감—역사적, 철학적, 심리학적 또는 사회학적인—을 알고는 있지만 그럼에도 불구하고 나는 말할 수 있다. 이 혼돈의 시대 속에서 나는 그리스도교로부터 근본적 가치를 찾을 수 있었다고. 단지 그리스도교라고 불리는 것이 아니라 진정한 그리스도교로부터 말이다. 바로 그리스도교의 메시지로부터, 단지 믿음만이 아니라 살아있는 그리스도교 신앙으로부터, 그리스도 신자가 됨으로써 말이다. 여기서 다음 장에 논의될 질문이 제기된다.

3
왜 그리스도교 신앙인가?

하필 왜 그리스도인이 되어야 한단 말인가? 이에 대하여 조급하게 해답을 들으려고 하지 말고 좀 더 생각할 시간을 가져보자.

최근 이스라엘, 인도와 이슬람 국가에서 발생한 사건[6]은, 유대인이나, 무슬림이나 그리스도교 신자나 모두 좋든 싫든 특정한 종교전통, 특정한 가치공동체에 태어남으로써 긍

6 이들 국가에서 빈번히 자행되고 있는 종교간 내전과 테러 등의 사건을 말한다.

정적으로나 부정적으로나 영향을 받는 것이 결코 사소한 문제가 아님을 알게 해준다. 이는 가족관계와 비교될 수 있다. 가족이 지속적인 유대관계를 가지는지 아니면 가족의 불화와 무관심으로 가정이 붕괴되는지는 결코 사소한 문제가 아닌 것이다.

그리스도교를 믿지 않는 사람, 그리스도교를 떠난 사람을 비롯한 기타 많은 그리스도인이, 지적으로 비판하고 거부감을 느끼는 편협한 그리스도교 전통과 단체를 거부함에도 불구하고 여전히 위대한 2천 년 전통의 그리스도교를 포기하지 않는 이유를 여기서 제시하고자 한다.

왜냐하면 위대하고 뛰어난 그리스도교 전통을 면면히 이어오고 있기 때문이다.

그럼 왜 나는 그리스도인일까?

- 우선—나의 비판과 우려에도 불구하고—내게 의미 있게 다가온 이 그리스도교 전통을 근본적으로 확신하기 때문이다. 과거로부터 오늘날까지 수많은 사람들이 그리고 내가 함께한 전통을 말이다.
- 위대한 그리스도교 전통과 교회의 현실을 결코 혼동한

적이 없으며 진정한 그리스도교의 가치와 현실 그리스도교를 구분했기 때문이다.

- 간단히 말해—내가 그리스도교라고 불리는 것을 통렬히 비판하지만—나는 그리스도교 안에서 인간과 세계에 관한 근원적·실존적 의문(우리는 어디서 와서 어디로 가는가, 우리의 존재이유는 무엇이냐는 문제. "근원적·실존적 의문")에 관하여 근본적인 토대를 다졌다. 나 자신과 인간사회의 근본 토대를. 또한 그리스도교 안에서, 과거로부터 현재까지 그리스도교보다도 남용되고 오용된 민주주의 정치보다도 더 떠나고 싶지 않은 나의 정신적인 고향을 발견하였다. 그러나 의심할 바 없이 이 모든 것은 결론적인 얘기일 뿐이다.

이젠 좀 더 구체적으로 얘기하겠다.

그 같은 근원적·실존적(우리는 어디서 와서 어디로 가는가의) 의미를 믿고 싶으며, 절대자, 지고의 존재, 신성 또는 하나님을 믿고 싶다고 말하는 비그리스도교인 또는 교회를 떠난 사람들은 많은 것은 사실이다. 이런 사람들은 무신론에 대하여 이성적으로나 감성적으로나 만족하지 못하는 자들이다. 그러나 이들은 "신"과 함께 무엇을 해야 하는지, 신이란 대체 무엇인지, 신이 누구인지 그리고 신이 어떠한 존재인지를 모른다. 이런 의미에서 이들은 무신론자는 아니지만 최소한 불가지론자不可知論者인 셈이다.

이는 전혀 놀랄 일은 아니다. 일반적으로 불가지론자들이 통상적으로 얘기하는 철학자의 신이나 종교적인 신을 나는 결코 무시하지 않는다. 오랫동안 개신교 신학에서 주장하듯이 이런 신은 인간이 만들어낸 우상이라고 확언하지 않겠다. 아리스토텔레스, 플라톤, 플로티노스, 데카르트, 스피노자 그리고 라이프니츠, 칸트와 헤겔 앞에서 그렇게 말할 수는 없다. 우리 인간이 근원적·실존적 의문을 탐구하고자 할 때 이러한 신 관념도 여전히 귀중한 보고이기 때문이다. 심오하고 신비로운 실재를 탐구할 보고이다. 또한 그것은 기본적인 방향을 정립하게 해준다. 그러나 이렇게 알 수 없는 신비, 추상적인 철학자의 신에 의지해서는 살 수 없다는 점을 말하고 싶다. 신이 무엇인지, 신이 누구인지 또는 신이 어떠한지를 알고자 할 때 말이다. 이러한 신은 얼굴 없는 신이다. 그것은 "알 수 없는 신"이요, 「사도행전」에 나오는 알려지지 않은 신theos agnostos으로 당연히 불가지론자의 신인 것이다.

위대한 현대 철학자들(물론 무신론 논쟁자도 포함하여) 같이 전 세계적으로 존재하는 그리스도교의 신관神觀을 받아들이지 않는다면, 또한 그럴 것이다.

그러나 철학적인 또는 종교적인 관점에서 더 생각을 해보자. 이렇게 우리가 신을, 원초적 기원으로, 모든 원인의 근원으로, 그리고 모든 목적의 최종적 목적으로 인정할 수는 있다 하더라도 우리가 어떻게 그 태초의 비밀과 최종 목적지를 알 수 있단 말인가? 그 목적지가 끔찍한 나락은 아닐까? 아니 진실은 우리를 기다리지 않는 것은 아닌가? 모두 다 단지 환상이란 말인가? 아니면 우리에게 근원적 진리란 존재하지 않는단 말인가? 최후의 종말은 결국 파멸이란 말인가? 아니면 결국 최종적 구원은 없단 말인가? 자아와 세계에서 모든 것의 본질은 결국 허무가 아니라는 것을 대체 나는 어떻게 알 수 있단 말인가? 결국 궁극적으로 의미란 없다는 말인가? 이러한 의문은 정말로 정당한 질문이고, 그것은 사람들이 그리스도교의 핵심가치로 귀의하는 것을 어렵게 만든다.

내게 궁극적 의미를 부여한 그 신은 무엇이며 누구인가?

그는 어떠한 존재인가? 『구약성서』와 『신약성서』에 기초하여 나는 이 질문의 답을 알고 있다. 유대·그리스도교 신앙의 신은 철학자의 신과는 다르며 추상적이고 모호한 신이 아니다.

그 신은 구체적이고 명확한 신이다. 보이지 않는 신이 아니라 이스라엘 민족과 예수 그리스도와 함께 역사로 계시된 하나님이다. 또한 철학자와 지식인의 신과 달리 그 신은—파스칼의 모순[7] 같아 보이지만—행인을 교살한 이집트 스핑크스[8] 같은 불가사의한 신도 아니다. 로마의 신 야누스와 같이 양면적이고 다의적인, 두 얼굴을 가진 신도 아니다. 인간사회의 운명을 좌우하는 그리스 신화의 튀케Tyche · 로마 신화의 포르투나Fortuna 같은 운명의 여신 같이 변덕스럽고 헤아릴 수 없는 신도 아니다.

유대·그리스도교가 믿는 신은 인간에게 적대적인 신이 분명 아니며 바로 인간을 위한 신이다. "하나님이 우리와 함

7 인간의 위대함과 비참함이라는 이중적인 모습을 말한다.

8 스핑크스와 관련하여 많은 전설이 있다. 그중 하나가 테베의 산 인근에 살면서 지나가는 사람에게 "아침에는 네 다리로, 낮에는 두 다리로, 밤에는 세 다리로 걷는 짐승이 무엇이냐"라는, 이른바 "스핑크스의 수수께끼"를 내어 그 수수께끼를 풀지 못한 사람을 잡아먹었다는 전설은 유명하다.

께."[9] 인간을 위한 신이란 흔히 그리스도교 교사들이 말하듯이 두려움이 아닌 평화, 불행이 아닌 기쁨, 죽음이 아닌 생명의 신을 의미한다. 『구약성서』에서조차(비록 신화적이고 이교적인 면이 있지만) 노예지배자가 아니라 출애굽의 하나님, 해방의, 자비의, 구원자의 그리고 은총의 하나님이다. 그 이외에는 다른 신이 없는 신이다. 이 유일신은 유대교와 그리스도교와 함께 이슬람교가 알라로 숭배한 최후의 유일신이요, 최초의 실재이다. 이는 중동의 평화를 위한 캠프데이비드 협정[10]과 같은 최근의 노력과 함께 무시될 수 없는 사실이다. 그 신은 힌두교 인이 브라마에서 그리고 불교도가 절대 진리Absolute Dharma(열반) 또한 중국인이 천天과 도道에서 찾고 있는 실재이기도 하다.

유대교와 그리스도교의 하나님은 불가사의한 신이 아니다. 자비의 하나님이요, 인류에게 사랑을 주는 하나님이요, 회의, 고통과 죄악, 개인적·사회적 모든 고통에도 불구하고 우리 인간에게 절대적이고 무한한 신뢰를 주는 하나님이

9 Immanuel은 "하나님이 우리와 함께"란 뜻을 가진다.

10 캠프데이비드 협정(Camp David Accords)은 1978년 미국의 캠프데이비드에서 이스라엘과 이집트간의 평화 교섭을 위한 목적으로 열린 모임을 말한다.

다. 정말로 우리 신앙이 머무를 수 있는 하나님이다.

이는 분명 『성서』의 하나님이지만 코페르니쿠스, 갈릴레오와 다윈에 입각하여 새로운 세계관에 따라 인식된 『성서』의 하나님이기도 하다. 세계의 모든 것을 포괄하고 모든 곳에 내재하는 신, 그 신은 한 인간으로서 개체적으로 존재하는 그런 인격체와는 다르다. 모든 개별인간의 실존을 규정짓는 각각의 인격체와도 다르다. 신은 초자아도 통치자Big Brother도[11] 아니다. 신은 인격의 개념을 뛰어넘는다. 신은 인격 그 이상의 존재이다.

그러나 그렇다고 각각의 인간 인격체의 근원인 신이 비인격적인 존재일 수도 없다. 신은 반인격체도 아니다. 신은 비인격성의 개념도 역시 넘어선다.

그런데 수학자와 과학자도 이러한 모순적인 상황을 알고 있다. 닐스 보어Niels Bohr의 상보성Complementarity 개념이[12] 그 예이다. 양자역학에서는 실험치를 파동으로 나타낼지 입자로 나타낼지 여부는 연구대상이 무엇인지에

11 조지 오웰의 『1984년』에 나오는 독재자 빅브라더를 따서 만든 용어다. 긍정적 의미로는 선의의 목적으로 사회를 돌보는 보호적 감시를 뜻하며, 부정적 의미로는 정보 독점을 통해 권력자들이 행하는 사회 통제 수단을 말한다.

달려있다.

마찬가지로 철학적 토론과 신학적 논의과정에서 신을 인격체로 볼 것인지 아닌지는 논제의 제기방식에 따라 달라진다. 그러나 사실 신이 근본적으로 인격체도 아니고 비·인격체도 아닌 것으로 보는 이유는 신은 근본적으로 형언할 수 없기 때문이다. 사실 신은 동시에 인격체이자 비·인격체이며 따라서 초인격체라고 부르는 것이 적절할 지도 모른다.

그러나 오늘날 그리스도교 『성서』의 신앙과 그리스도교적인 의미에 의하면, 신이 초인격체라고 할지라도, 여전히 자애로운 하나님이요 절대적인 신뢰를 주는 하나님으로 우리가 대화를 요청할 수 있는 진정한 파트너이다. 물론 우리는 비유와 이미지로, 암호와 상징으로만 하나님에 관하여 말할 수 있고 하나님에게 말할 수 있다. 그러나 그럼에도 불구하고 우린 인간의 언어로 하나님과 대화할 수 있다. 달리 무슨 방법이 있으랴? 그러므로 우리가 기도를 하고 예배를

12 빛과 같이 경우에 따라 입자로 어떤 때는 파동으로 보이는 것을 의미한다. 그러나 동시에 입자이며 파동일 수는 없다는 점에서 상보성이라고 부른다. 빛이 동시에 입자이자 파동이듯이 신도 동시에 인격체이자 비인격체임을 비유한 것이다.

드릴 수 있는 것은 분명 이러한 바탕위에서다. 특히 우리 현대인에게 원原 그리스도교적인 의미—물론 지적인 측면만을 말하는 것은 아니다.—에서 그 가능성은 너무나도 중요하다. 왜냐하면 소박한 기도만으로도, 마음에서 우러나오는 예배만으로도, 현대인은 정말로 존재의 심오함을 느낄 수 있으며, 우리가 어디서 왔고, 우리는 어디에 있으며, 우리는 어디로 가는지를 정말로 느낄 수 있기 때문이다.

난해한 문제에, 특히 과학의 도전에 단지 신앙으로만 대항하는 것에 그리스도인은 거부감을 느낀다.

첫 번째 난제는 하늘과 땅의 창조자라는 신神 개념이다. 여기서 우리는 세계와 인간의 기원에 대한 질문—빅뱅과 수소가 있기 전에 무엇이 있었는지, 그리고 왜 무無가 아니고 무엇인가 존재하는가라는 심오한 의문—은 기본적으로 인간적인 질문이라는 것을 명심하여야 한다. 이 질문은 경험세계를 벗어나는 것으로 인간인 과학자로서는 그 답을 알 수가 없다. 그렇다고 과학자도 그런 질문은 무의미하고 일고의 가치가 없는 것이라고 무시할 수만은 없다. 세계와 인간의 창조에 대해 설명을 할 때 『성경』의 창조이야기를 우주 탄생과정을 과학적으로 설명하는 것으로 이해해서는 안 된다는 점을 명심해야 한다. 『성경』의 창조이야기의 의도는 우주의 궁극적 기원에 대한—과학적으로는 증명할 수도 반증할 수도 없는—신앙의 증언이다. 세계의 기원은 하나님이다. 그래서 『성경』의 증언은 하나님이 모든 것의 그리고 모든 인간의 기원임을 강조하는 것이다. 하나님은 어떤 대립적인 악마의 도전도 받지 않는다. 따라서 세계—그 안의 물질, 인간과 성별—는 전체적으로나 그 부분으로나 원칙적으로 좋은 것이다.

실로 인간은 창조계의 정점이며 우주의 중심이다. 그리고 하나님의 창조역사는 이미 세계와 인간에게는 사랑의 증표이다.—이는 우리의 삶, 우리의 생각과 행위에 결정적으로 중요한 의미를 부여한다.

두 번째 난제는 역사를 인도하시는 신이라는 신神 개념이다. 우리는 이것을 어떻게 이해해야 하는가? 신이 존재하더라도 유한하고도 상대적인 인간이나 사물과는 분명히 다르게 세상에서 활동할 것이다. 신은 유한한 세계에서 무한자로, 상대적인 세계에서 절대자로 활동한다. 또한 신은 부동不動의 동자動者, Unmoved Mover로[13] 세상의 위나 세상의 밖에서 활동하지는 않는다. 정말로 실재하고 역동적인 존재로서 신은 자신이 작동시키고, 통제하고, 완결시키는 세계의 진화과정 안에서 활동한다. 하나님은 세상의 밖에서 활동하지 않는다. 하나님은 세계 그 자체에서 인간과 사물의 안에서 그리고 인간과 사물과 함께 활동한다. 하나님이 세상에 간여한다는 의미인가? 그것은 인간이 과거에 종종 생각했던 그런 방식으로의 개입을 의미하지는 않는다. 하나님은 세상사의 중대한 시점 또는 위기의 순간에만 활동하는 것은 아니다. 그리고 하나님은 혼란을 해결하는 존재가 아니다. 하나님은 바로 창조하고 완결하는, 근본적인 유지자요 후원자로 활동한다. 따라서 하나님은 세상에 내재하면서도 초월하는 존재로서, 편재하고 전지전능한 존재로서, 하나님 자신이 그 원천인 자연의 법칙에 전적으로 유념하면서 세계를 인도한다.

하나님은 세계의 모든 것과 세계역사 전 과정에서 모든 것을 포괄하고 모든 것을 꿰뚫는 의미이자 목적이다. 신은 "주사위를 던졌다." 그러나 양자역학이나 미생물학이 분명

13 자신은 움직이거나 변화하지도 않으면서 다른 존재를 움직이고 변화시키는 존재라는 뜻으로 아리스토텔레스가 제시한 개념이다. 움직이지 않는 초월적 세계와 끊임없이 변화하는 현상계의 원리를 연결시키기 위해 만들어 낸 개념이다.

히 보여주듯이 특정한 법칙에 따른 것이다. 신의 절대적 자유는 인간의 상대적 자유를 제한하지 않고 인간의 상대적 자유를 가능하게 하고, 강화하고, 유지한다.

세 번째 난제는 세계와 인간의 완성자라는 신神 개념이다. 한 가지는 분명하다. 과학으로 인간과 우주의 미래를 확실하게 설명하거나 예측할 수는 없다는 점이다. 첨언하자면 세상의 종말에 관한 그리스도교 『성서』의 설명이나 이미지는 과학적으로 타당한 근거가 있는 것이 아니다. 우리는 그것을 과학이 입증하거나 반증할 수 없는 우주의 종말에 대한 인간의 신앙고백으로 이해하여야 한다. 우주의 종말에 하나님이 있다는 것이다. 하나님은 알파요 오메가이다.[14] 따라서 세계의 기원과 종말에 관한 그리스도교 『성서』의 언급과 과학 이론을 조화시키려는 시도는 무의미하다. 그리스도교 『성서』의 증언은 종말을 근본적으로 다른 차원으로 이해한다. 하나님의 창조역사의 완성으로. 그 의미는 다음과 같다. 세계의 기원과 마찬가지로 세계의 종말에는 허무한 무가 아니라 하나님이 있다. 여기서 종말은 우주

14 헬라어 알파벳의 처음 문자와 마지막 문자이다. 하나님과 예수 그리스도는 창조자이며 완성자임을 뜻한다.

의 파멸이나 인류역사의 갑작스러운 끝을 의미하는 것은 아니다.

덧없고 불완전한 역사와 악에는 결국 종말이 있다. 하지만 종말은 궁극적 완성과 성취로 이해되어야 한다.

하나님께 "예"라고 말하는 것(하나님을 믿는다는 뜻임. 역주)은 결코 맹목적 감정에 의해서도, 이성적 판단에 의해서도 아니다. 인간은 둘 중의 하나를 선택하여야 한다. 자신의 삶과 인간과 세계의 역사에서, 궁극적으로 근원적인 토대와 의미가 없음을 받아들일지, 아니면 모든 것은 근본적인 토대와 의미가 있다는 것을 받아들일지 결정하여야 한다. 후자의 견해를 좀 더 분명하게 말하면 세상의 창조주, 유지자와 완결자가 있다는 것을 의미한다. 우리는 그 근원적 토대와 의미란 없다고, 그리고 "아니요"라고 할 수 있다. 반대로 우리는 그 근원, 토대와 의미가 존재함을 받아들이면 신에게 "예"라고 말할 수 있다. 따라서 신에게 "예"라고 말하는 것은 믿음의 문제인 것이다. 그리고 그 믿음이 그 자체로 매우 이성적인 판단에 근거한 것이라도 믿음의 문제인 것은 변함이 없다. 이 같은 신앙은 이성에 기초하여 증명할 수는 없으나 분명히 그럴만한 여러 근거가 있다. 근본적인 근원,

토대와 의미에 대해 신뢰하는 "예"만이 세계의 기반, 토대와 의미 그리고 우리 인간 삶의 궁극적 의미에 대한 물음에 해답을 줄 수 있기 때문이다. 즉 신뢰하는 "예"만이 인류에게 결정적 확실성과 함께 확신을 주기 때문이다. 그리고 가치의 참된 정수를 제공하기 때문이다. 이러한 의미에서 "예"만이 근본적으로 합리적이지 궁극적 무로 이끌어가는 "아니요"는 아니다.

하지만 우리는 신에 대한 믿음, 그리스도교 하나님에 대한 믿음에서—많은 사람들이 우려하는 것과 달리—이성을 포기할 필요가 없다.

반대로 하나님을 믿으므로, 알기 위하여 "더 이성적으로 보아야 한다!" 그래서 어떤 사람에겐 더 의미 있어 보이는 철학자의 신을 우리는 부인할 필요가 없다: 유대교와 그리스도교의 하나님은, 독일인이 사용하는 3중의 신비스런 의미를 가진 단어인 지양止揚, aufgehoben[15]을 의미한다.—그는 하나의 존재로서 긍정되고, 부정되고, 초극된다. 또는 그

15 지양(Aufheben)이란 독일어로부터 나온 것으로 폐기함과 동시에 보존한다는 의미이다. 그것은 헤겔 철학에 있어 중요한 개념의 하나로 헤겔의 방법론인 변증법의 원리와 관련된다.

는 긍정되고, 상대화되고, 절대적으로 고양된다. 이러한 신을 분명히 우리가 "더욱 신성한 신"이라고 부를 수 있다. 점점 더 비판적인 접근을 하는 현대인들도 자신의 이성을 포기하지 않고서도 바라볼 수 있는 신이다. 그 신은 하이데거가 자신의 소망을 담은 표현으로 말할 것 같으면 우리가 또한 그 앞에서 "기도하고 봉헌하고, 무릎을 꿇고 경외하며, 음악을 연주하고 춤을 출 수 있는" 신이다. 그러므로 근원적 그리스도교 가치가 무엇인가에 대한 나의 첫 번째 대답은 이것이다. 내가 이 살아계시는 하나님을 믿으므로, 나는 무엇을 의지할 수 있고 앞으로 무엇에 의지할지가 확실하다는 것이다.

우리는 모두 자신의 신을 가지고 있다. 모든 것을 판단하는 기준이 되고, 자신의 삶의 지향점이 되고, 필요한 경우 모든 것을 바칠 수 있는 궁극의 가치로써의 신 말이다. 만일 그것이 참된 신이 아니라면 예나 지금이나 그건 단지 우상일 따름이다.—돈, 명예, 섹스 또는 쾌락같이—이것 자체가 사악한 것은 아니겠지만 그것을 신으로 숭배하는 사람을 노예화시킨다.

단 하나의 절대자이자 유일한 참된 신을 지향함으로써

세상(돈, 명예 등을 말함. 역자 주)으로부터 스스로 해방되고, 세상에서 살아가고, 인간으로서 세상과 함께 스스로를 실현하게 되는 것이다. 하나님은 이렇게 이 세상에서의 인간에게 진정한 자유를 선사하시는 것이다. 그러나 이 모든 것은 너무 일반적인 표현이다. 우리는 계속 성찰하고 더 구체화 하여야한다. 우리는 근원적 그리스도교 가치에 대한 믿음을 어디에서 찾을 수 있다는 말인가?

4
그리스도교 신앙의 근원을 어디서 찾을 것인가?

이것은 비밀스러운 것이 아니다. 나는 신앙의 근원을 그리스도교 교파의 교리에서 이름만 남은 "명예회장honorary chairman" 정도로만 숭앙 되는, 그 한 사람으로부터 찾는다. 근원적인 그리스도교 가치를 신화적인 존재가 아니라 바로 역사적 인물인 나사렛의 예수로부터 찾는다. 따라서 시대를 막론하고 모든 그리스도인으로부터 그 권위를 인정받은 예수 그리스도에게서 말이다. 그는 이스라엘 민족의 역사에서—그리고 인류의 종교경험에서—이미 계시되었던 바로 그 유일신을 선포하였다. 그는 살아있고 친근한 인간의 얼굴을 한 하나님을 선포하였다. 그의 전 생애를 통해 하나님의 모습을 비추어주었다. 예수가 이 하나님을 말할 때, 이 하나님의 이름으로 행함으로써 『구약성경』에서는 희미했던 것을 명확히 했다. 이스라엘의 유일신은 이제 새로운 방식으로 이해되었다. 요컨대 단지 믿는 자들의 아버지 그리고 애초부터 의로운 이들의 아버지가 아니라, 돌아온 탕자[16]의 아버지로, 버림받은 모든 이들의 아버지로 이해되었다.

예수가 선포한 신은 아이들이 알고 있듯이 모성애라고는 없는, 너무도 강하고 폭군적이고 율법적인 그런 엄격한 신이 아니다. 신은 군주, 폭군과 독재자의 이미지를 불러일으키는 신이 아니다. 신은 진정으로—사랑이라는 단어를 피상적인 의미가 아니라 심오한 의미로 받아들이기를 바란

16 『신약성서』의 「누가복음」(15:11~32)에 기록된 예수의 비유 이야기이다. 어떤 사람에게 2명의 아들이 있었다. 재산을 나누어 받은 아우는 방탕하게 살다가 비참하게 살다가 회심해서 아버지에게 돌아와서 용서를 구했다. 아버지는 그를 받아들였다. 이를 본 형은 아버지의 관대한 태도에 항의했다. 이에 아버지는 "너는 언제나 옆에 있어서, 나의 것은 모두 너의 것이다. 그러나 아우는 일단 죽은 후에 다시 살아났기 때문에 축하하지 않을 수 없지 않은가"라고 하였다. 이 이야기는 죄 있는 자라도 회개하면 하나님의 끝없는 은총에 의해서 구원됨을 보여준다.

다.—우리의 어머니 같은 사랑의 신이다. 즉 정의로운 신으로서 모든 인간과 인간의 모든 욕구와 희망에 관심을 가지는 무조건적인 사랑의 신이다(이는 성윤리에 관한 의문에 대하여 중요한 의미를 가진다.). 요구만 하는 신이 아니라 베푸는 신이다. 인간의 삶을 고통스럽게 하는 신이 아니라 치유를 해주는 신이다. 타락한 인간을 용서해주는 신이다. 추락하지 않는 인간이 있을까? 책망하지 않고 용서하는, 처벌하지 않고 해방하는, 율법 대신에 은총을 주는 신이다. 99명 이상의 의로운 사람보다 한 죄인의 회개에 기뻐하시는 신이다. 그러므로 말 잘 듣는 아들보다는 탕자를,[17] 바리새인보다는 세리(稅吏)를,[18] 정통교의보다는 사마리아인을,[19] 스스로 의로운 자보다는 간음한 사람을 택하는 신이다. 그러하므로

17 「누가복음」 15:11~32에 나오는 탕자의 비유이다. 아들이 가족의 재산에서 자신의 몫을 받아 흥청망청 탕진한 끝에 정신을 차리고 잘못을 뉘우치고 집으로 돌아온다. 아버지는 아들을 따뜻하게 맞으며 성대한 잔치를 연다. 이야기의 핵심은 아들의 방탕함이 아니라 신의 자비이다.

18 예수는 사람들에게 정의로울 것을 요구했으나 독선은 비판하였다. 이는 바리새인과 세리의 비유에서 확실히 드러난다(「누가복음」 18:10~14). 바리새인은 이렇게 기도한다. "하나님이여 나는 다른 사람들과 같지 아니함을 감사하나이다." 이는 신이 아니라 자신을 찬양하는 것이다. 그러나 세리는 겸손하게 기도한다. "하나님이여 불쌍히 여기소서. 나는 죄인이로소이다." 예수는 신과 정의로운 관계에 있는 사람은 바리새인이 아니라 세리라고 설명했다.

예수의 가르침은 당시에나 오늘날에나 사람들의 마음을 거슬리게 하고 사회적 물의를 일으켰다. 더욱이 말뿐이 아니라 행실도 그러했기 때문이다.

예수는 이들을 쫓아내기는커녕 함께 대화하고 어울리기까지 했다! 경멸받아 마땅한 악인이나 낙오자들, 온갖 "죄인들"과 함께 앉아 있었다. 함께 식사도 했다.

하나님 아버지라는 호칭은 이 세상의 권위를 나타내는 부성父性을 나타내는 것만은 아니다. 이는 과거 신학자들이 생각했던 그리고 후에는 무신론자인 포이어바흐[20]가 비난했던 그런 의미의 신이 아니다. 오늘을 희생시키며, 인류와 인간의 위대함을 뒤로하고 내세를 추구하는 그런 신이 아니다. 칼 마르크스가 비판했던 그런 신도 아니다. 지배자의 신, 불공평한 사회조건의 신, 일그러진 자의식의 신 그리고 기만적인 위안의 신이 아니다. 니체가 거부했던 그런 신도 아니다. 증오심이 낳은 신, 가엾은 약자의 신. 프로이드와 많

19 선한 사마리아인의 비유를 말한다. 강도를 만나서 다친 남자를 제사장은 못 본척하고 지나쳤는데, 사마리아인은 상처를 치료해서 여관까지 데리고 가 자신의 비용으로 주인에게 보살펴 달라고 부탁한다(「누가복음」 10:29~37)는 것이다.

20 포이어바흐는 자신의 저서 『기독교의 본질』에서 신은 인간의 필요에 의해 만들어진 상상이라 주장하였다.

은 정신분석학자들이 거부했던 신이 아니다. 폭군적인 초자아, 유아욕구의 잘못된 이미지, 죄에 대한 콤플렉스의 강박관념적인 예배의 신, 부친 콤플렉스와 오이디푸스 콤플렉스의 신이 아니다.

그렇다. 이 신은 다른 신이다. 엄격하고, 무자비한 율법의 처벌이 아니라, "더 나은" 정의를 선포하고 죄인도 의롭다고 할 수 있는 신이다. 인간이 율법을 위해서가 아니라 율법이 인간을 위해 존재하게 하는 신이다.

현재의 법규와 사회규범을 폐기하는 것이 아니라 인간을 위하여 조율하는 신이다. 선인과 악인, 친구와 적, 이웃과 이방인, 일이 있는 사람과 실업자를 구분하는 장벽을 결국은 제거하려는 신이다. 어떤 식으로? 자기 비움, 자기 낮춤, 사랑, 조건 없는 용서, 대가 없는 봉사, 보상 없는 헌신에 의해서이다. 이렇게 하나님은 사회적 약자들, 혜택 받지 못한 사람들, 억압받는 사람들, 힘없는 사람들, 가난한 사람들, 병든 사람들—스스로 정의로운 사람들과는 정반대인—불경한 사람들, 부도덕한 사람들 그리고 신을 믿지 않는 사람들조차도 받아들인다. 하나님은 인간에게 자애로운, 진실로 자애로운 신이다.

예수가 선포했던 것은 바로 이 하나님, 놀라운 사랑의 신이다. 그 하나님을 위하여 예수는 말했고, 싸웠고, 고통 받았고, 죽어갔다. 그런데 이쯤에서 또 질문이 제기되는 것은 당연하다. 예수의 죽음과 함께 그 모든 것은 헛되이 끝난 것이 아닌가? 조심스러운 이 질문은 그리스도교 신자가 아닌 사람도 제기할 수 의문이다. 하지만 예수의 죽음이 모든 것의 끝이 아니라 시작이었다는 것은 역사적인 사실이다. 최초의 그리스도교 공동체는 거리낌 없이 예수를—이단설교자, 거짓된 예언자, 대중 선동자, 신성 모독자요, 신에 의하여 처벌된 것으로 소문난 예수를—하나님의 메시아, 그리스도, 사람의 아들, 하나님의 아들로 선포하였다. 그런데 무슨 근거로? 『신약성서』에 따르면 예수는 사멸한 것이 아니라 하나님 옆으로 갔다고 확신하였다. 그런데 이 확신이 그리스도교의 출현을 예고하였다.

즉 예수가 부활했다는 것이다. 하나님에 의하여, 하나님과 함께, 하나님 안에서 사는 예수로. 왜? 우리 인간을 위하여. 우리 인간의 근본적 가치를 위한 희망과 의무로서.

그 이후로 지금까지 그리스도인이건 아니건 분명히 선택의 기로[21]에 직면하였다.

우리 인간은 죽음 이후에 소멸될 수도 있다. 그리고 난 이러한 견해를 가진 사람들을 존중한다. 이러한 태도를 가지려면 용기가 필요하며, 완전하게 논박될 수도 없는 견해이다. 물론 누구도 이러한 견해가 옳다는 것을 확실하게 입증할 수도 없다. 우리 인간이 죽어서 무無로 소멸한다는, 우리 모두의 삶, 노력, 사랑과 고통이 결국 헛된 것이라는, 궁극적으로 아무것도 아니라는 것을 입증했던 사람은 지금까지 없다. 이렇게 허무하게 끝난다는 것은 내겐 합리적이지 않아 보인다. 그리고 그것은 너무나도 불합리해 보인다.

죽음 이후의 또 다른 가능성은 다음과 같다. 우리는 죽어서 신—우리는 달리 부를 더 좋은 이름이 없다.—이라고 부르는 절대자에게 간다는 것이다. 이러한 가능성도 물론 입증될 수는 없다. 물론 반증될 수도 없다. 따라서 모든 인간은 누구도 대신할 수 없는 선택의 기로에 직면한다. 영생의 합리적 증거는 우리에겐 없다. 그러나—이미 말했듯이—우리는 상당한 근거를 가지고 있다. 우리는 이해할 수 있고 합리적인 신뢰와 함께 이러한 가능성에 자신을 맡길

21 인간이 죽어서 소멸한다는 신념과 부활한다는 신념 사이의 선택을 말한다.

수 있다.

정확하게 말해 내세의 약속으로 위안을 얻으려는 것이 아니라 지금 여기에서, 바로 오늘의 삶에서, 현재의 사회 속에서 더 결단성 있게 스스로를 방향을 잡으려는 것이다. 그러므로 허무로 끝나는 죽음이 아니라 하나님에게로 향하는 죽음이 내겐 더 타당성이 있어 보인다. 정말로 더 합리적이라고 생각한다. 생각해보라. 만일 신이 정말로 존재하고 정말로 그가 신이라면 그는 태초의 신일뿐만 아니라 최종적 종말의 신일 것이다. 신은 우리의 창조자일 뿐만 아니라 최후의 완성자이다. 따라서 죽음 앞에서도, 우리의 경험을 넘어서 마지막으로 한 가닥 기댈 수 있는 존재는 우주와 인간의 창조자이자 유지자 바로 그 유일한 신이다. 신이 태초를 창조하였으니 최종적 종말도 채울 것이다. 내가 진정으로 영원히 살아있는 신을 믿는다는 것은, 신의 영원성을 믿을 뿐만 아니라 나 자신의 영생을 믿는다는 것을 의미한다. 그러므로 "전지전능한 창조주 하나님"을 믿는다는 신앙의 고백은 결국 "영생"을 믿는다는 것을 의미한다.

이를 확고하게 믿으면 인간세상에서의 삶을 근본적으로 바꾸어놓는다. 삶은 더 큰 의미로 다가오고 더 큰 사명감과 열정을 가지고 아주 다른 삶을 살게 만든다. 사실 우리로 하여금 이 예수를 따라 살게 해준다. 그의 선포, 그가 살아온 삶의 방식 그리고 그의 운명은 그를 믿는 사람들에게 자신의 삶의 기준이 된다. 또한 동료 인간, 사회 그리고 무엇보다도 신과의 관계에서 기준이 되었다.

간단히 말하면, 믿는 자에게 나사렛의 참 인간 예수는 그리하여 언제까지나 유일신 하나님의 참되고 온전한 계시가 되었다. 그의 메시아, 그의 그리스도, 그의 화신이자 아들인 것이다.

그러나 그가 진정으로 인간인 것, 바로 그 참 인간인 것은 바로 이런 방식이다. 즉 예수의 선포, 예수의 삶, 예수의 전 운명을 통해서, 우리가 믿는 마음으로 그것에 의지하기만 한다면 예수는 우리로 하여금 자신의 인간됨, 바로 자유와 삶의 의미를 거듭 발견하고 깨닫게 해주는 인간됨의 모델이 되었다. 우리 자신의 존재 안에서 또한 동료 인간과 더불어 삶에 있어서 말이다. 하나님에 의하여 부활한 예수는 이렇게 우리 인간에게 영원하고 확실하며 궁극적인 인간됨의 기준이 되었다. 최근의 신학논쟁에서 분명해졌듯이 그리스도론[22], 즉 예수가 누구냐에 관한 논의야말로 신학자나 주교에게는 중요할지 모르지만, 근본적으로 중요한 것은 그리스도를 믿고 따르는 것이다. 그리스도인이 되는 것이 중요한 것이다. 그리고 내가 그리스도인이 될 수 있었던 것은 바로 예수 때문이다.—역사적 인간, 나사렛의 예수, 하나님의 그리스도인

따라서 이것이 "그리스도교 신앙의 근원을 어디서 찾을 것인가?"라는 질문에 내가 답하고자하는 방법이다. 내가 바로 이 예수 그리스도를 믿기 때문에 무엇에 의지하여 살지를 나는 알 수 있는 것이다. 그렇지만 이렇게 말할 때 나로서는 역시 결코 간과하고 넘어갈 수는 없는 질문에 부딪힌다.

"그것은 실제로 무엇을 의미하는가?"

22 예수를 인간임과 동시에 인간의 죄를 구원할 신이라고 보아야 하는지의 여부에 대한 신학적 논쟁이다.

5
그리스도교 신앙은 실제로 무엇을 의미하는가?

여기서 나는 일반적인 것 이상을 언급할 수는 없다. 이 책의 서두에서 이렇게 작은 책자로 모든 중요한 논쟁점들 다루는 것은 본서의 범위를 벗어나는 것임을 말한 바 있다. 특히나 사람들마다 중요한 문제들이 다르기 때문이다. 여기서 내가 관심을 갖는 것은 근본적인 그리스도교 사상과 인식이다. 즉 근본적인 그리스도교 가치에 대한 헌신 말이다. 물론 이것은 개인과 사회의 모든 현실 문제에도 영향을 미칠 것이다. 그리스도인이 되는 것은 예를 들어 전쟁과 평화의 문제, 폭력과 비폭력, 권력의 추구, 소비심리 등에 대한 인간의 태도에 중대한 영향을 준다. 즉 그것 자체가 교훈적인 효과가 있는 것이다. 그것은 다른 사람에 대한 봉사심으로 나타난다. 그러나 여기서는 그리스도교 실천의 일반원칙만 다루고자 한다. 물론 한 가지 중요한 점을 지적해야겠다. 내가 여기서 지적하거나 제시하는 것은 흔히 비난의 대상이 되는 "순수이론" 같은 것은 아니다.

그것은 그리스도 교회에서 많은 사람들이 매일매일 행한 실천적인 이론이다. 아니 수많은 사람들이 그렇게 살아가려고 최선을 다했다고 말하고 싶다. 따라서 현실 그리스도교 세계의 신앙의 오류에도 불구하고 교회는 진정한 그리스도교로 살아남았다고 생각한다.

마르크스는 마르크스주의자들의 스승이자 지주이다. 그리고 프로이드는 프로이드주의자들의 스승이자 지주이다. 마찬가지로 예수는 그리스도인들의 삶을 위한 교사이자 지주이다. 그러나 예수는 근본적으로 스승이나 지주 이상의 존재이다. 죽음으로부터 부활한 그는 믿는 사람에겐 살아있는 권위의 상징이다. 그의 모든 것, 언행과 고난은 하나님의 뜻과 인간성을 구현한 것이다. 따라서 예수는 우리로 하여금 그의 제자가 되도록 요청한다. 어떤 사람에겐 그것은 너무도 고귀한 언어요 놀라움으로 다가온다. 그러나 예수의 제자가 되는 것을 잘못 이해해서는 안 된다. 살아있는 예수는 실천 없는 경배, 입으로만 "주여, 주여", "하나님의 아들이여" 하는 것을 원하지 않는다. 그렇다고 문자 그대로의 예수 모방도 요구하지 않는다. 예수를 그대로 따라 한다는 것은 외람된 일이다. 아니 예수는 사적인 제자관계도 모방도 아닌 교감과 부응을 원한다. 그것은 예수를 믿고 예수의 가르침에 따라 자신을 길을 가는 것을 의미한다. 우리 모두가 각각 자신이 가야 할 길이 있는 것이다.

하지만 우리가 예수를 따라야 할 강제적 의무가 있는 것은 아니다. 그렇게 하도록 강요받는 것도 아니다. 예수의 길을 따르는 것은 "해야만 하는" 것이 아니라 "선택할 수 있는", 노예처럼 지켜야 할 법이 아니라 뜻밖의 기회요 진정한 선물로써, 정말로 위대한 기회로 이해하여야 한다. 다시 말해—그런데 이 단어(은총을 말함. 역주)는 너무 잘못 이해되고 있다.—우리에게 허용된 참된 은총이다. 그것은 바로 이것 한 가지를 가능하게 해주는 은총이다. 즉 은총을 믿음으로 받아들이고 자신의 삶을 그것에 맡기는 것이다.

모든 그리스도교 교회는 이 점을 알아야 한다. 자신의 신앙을 구현하고, 그리스도가 되고, 결정적으로 그리스도교의 진리가 된 것은 바로 예수 그리스도 자신이다. 예수는 "그리스도인"이 된 것도 아니고, 현학적인 서구 사상을 제시하거나, 윤리적 기준을 말한 것도 아니며, 고결한 회심을 한 것도 아니며, 추상적 이론을 말하거나 성직자가 되거나 신학적 이론을 제시하지도 않았다. 살아 있는 예수 그리스도에게 어울리는 표현은 바로 이것이다. 예수 자신이야말로 믿는 자에겐 의지할 수 있는 궁극적 권위라는 것이다.

이것은 개인의 삶과 사회생활에서의 내적인, 영적인, 정신적인 위안만을 위한 것은 아니다. 그것은 영적인 회심을 내포한다. 세상을 변화시킬 새로운 자세! 그리고 방향감각의 상실, 가치의 부재와 허무감으로 인하여 오늘날 수많은 사람들이 염원하는 것을 실질적으로 실현가능하게 해준다. 만연한 마약중독, 범죄와 폭력으로부터 말이다. 그리스도인의 종교와 정치, 그리스도인의 사회정책과 경제정책, 그리스도교인의 교육정책과 개발정책을 위하여 중요한 일들이 실질적으로 실현되는 것을 가능하게 해준다.

내가 이것을 따르기만 하면 하나님 당신의 능력이요, 권능인 예수 그리스도와 그 성령이 실현될 것이다.

- **새로운 각성** 다른 사람들을 판단할 기준을 가질 수 있다. 인생을 새로이 보고, 인생을 좀 더 사랑하고, 새로운 삶의 방식을 따를 수 있다. 사람들과 인간사회, 그리고 하나님의 관계에서 우리는 근본적으로 이 예수 그리스도를 특별한 본보기로 받아들이고, 개개인으로서 다른 사람들과 함께 변화된 양식으로 더 진지하고 인간적으로 살아갈 수 있게 된다. 이러한 새로운 자세는 개인의 삶에 정체성과 통일성을 부여하고, 오늘날 현대사회에서 확신을 가지고 살 수 있는 개성과 동기를 제공해 준다.
- **새로운 동기** 예수의 "이론"과 "행위"를 통해 우리는 개인의 삶과 사회생활을 위한 새로운 동기를 가질 수 있다. 예수의 빛 안에서 우리는, 우리가 처음에 제기했지만 순수한 이성만으로는 대답하기가 그렇게도 어려웠던 질문에 답할 수 있다. 우리는 왜 다른 방식이 아닌 이런 방식으로 행동해야 하는지, 왜 우리는 사악하고 비인간적이지 않고 인간적이고 선하여야 하는지, 왜 우리는 증오가 아니라 사랑으로 살아야 하는지, 왜 우리는 폭력과 전쟁이 아

니라 비폭력과 평화를 추구하여야 하는지의 물음들에 대하여 말이다. 천재적인 통찰력을 갖고도 프로이드가 해결할 수 없었던 문제에 예수 그리스도의 빛으로 답을 줄 수 있다.

그로 인하여, 불이익을 당하고 다른 사람의 무관심과 잔인함으로 고통을 받음에도 불구하고, 우리는 왜 가능하면 정직하고, 배려하고 친절해야 하는지를 말이다.

- **새로운 자세** 예수의 영 안에서 우리는 신뢰할 수 있는 새로운 통찰과 태도를 견지하고 유지할 수 있다. 우리는 개인적 삶과 사회적 행위를 성공적으로 인도할 새로운 자세를 형성하는데 필요한 도움—임시적인 것이 아니라 신뢰할 수 있는—을 예수 안에서 찾을 수 있다. 인간에 대한 가식 없는 충심, 불우한 인간에 대한 동정심과 부당한 권위에 대한 비판의 태도를. 배려정신, 용서와 봉사의 정신뿐만 아니라 감사하는 마음, 자주성, 관대함, 이타심과 낙관적 태도를 말이다. 어려운 상황에서도 자기희생과 포기의 자세를 가지는 태도를, 대의명분상 그럴 필요도 없는 경우임에도 불구하고 말이다.
- **새로운 행동** 크건 작건 예수의 영에 따라 우리는 개인과

사회를 위한 변화를 위하여, 원론적 프로그램뿐만 아니라 구체적이고 실제적인 방식으로 행동할 수 있다.

- **새로운 목표** 예수의 영으로 많은 사람들이 추구했던 것에 도달한다. 하나님의 나라를 통한 인간완성이라는 최종적이고 시원적인 실존 안에서 인간의 삶과 역사의 의미 그리고 궁극적 목적에 도달하는 것이다. 그리고 우리로 하여금 지상에서의 현재의 삶을 남다르게 살게 하는 것이 바로 이 의미와 목적이다. 그것은 개인과 인류전체에게, 삶이란 승리의 역사이자 시련의 역사임을 의미한다.

이 마지막 부분은 좀 더 명확하게 설명할 필요가 있다. 그리스도인이 아닌 사람들도 종종 자기 스스로를 휴머니스트라고 하지만 그리스도인 또한 휴머니스트이다. 그리스도인이 아닌 사람과 그리스도인의 결정적인 차이는 세상의 부정적 측면을 어떻게 보는가에 있다. 인간적인 것, 인도적인 것, 진실, 선과 아름다움을 인정하는 것은 아주 쉬운 일이다. 그러나 인간의 삶과 사회 속에서 비인간적인 것, 비인도적인 것, 거짓, 악과 추악함을 계속 직면하는데도 불구하고, 우리가 이러한 세상의 부조리를 논의조차 할 수 없다면? 이런 경우 우리는 부조리를 어떻게 받아들일 것인가?

수많은 사람들에 의하여 오용되어 인간을 노예화하고 거짓된 위로로 기만한 개념을 나는 이제야 최대한 신중하게 소개하고자 한다. 십자가 또는 십자가형을 받은 그 한 사람이 우리로 하여금 이러한 부조리조차도 극복하게 해준다.

인간은—어떤 사회경제 시스템에 살던지, 혁명이 일어난 후에도 변함없이—고통, 고뇌, 죄악, 고난, 질병과 죽음에 직면한 실존적 존재로서 좌절감 속에서 불만족스러운 삶을 영위한다는 것을 누가 부인할 수 있을까? 그러나 실망스런 실존상황이지만 예수의 부활을 생각하면 뚜렷한 의미가 부각된다. 세상에서 어떤 고통을 겪더라도 부활한 한 인간의 고통과 죽음에서 드러난 의미를—그것은 부여된 것이다—퇴색시키는 것은 아니기 때문이다. 당시에는 미처 생각지 못할 수도 있지만 하나님을 믿는 사람은 어떠한 부조리도, 엄청난 고난도, 지독한 고독도, 공허와 허무도, 죄악과 덧없음도 인간과 함께하는 하나님과 함께 극복하는 것이다. 지금 우리의 실존이 환상에 불과한 것은 아니다. 부조리한 세상을 피할 방법은 없다. 우리가 할 수 있는 것은 낙담하지 말고 우리의 삶과 고통이 나아가는 미래를 향하여

인고할 수 있는 능력을 가지는 것이다. 이것은 부조리하게 살라는 것이 아니라 견뎌내라는 것이다. 또한 부조리에 맞서 싸우라는 것이기도 하다.

십자가에 못 박힌 예수의 영으로 인하여, 개개인과 사회 모두 인간세상의 모든 부조리와 그 원인에 대해 훨씬 더 깊은 수준으로 투쟁할 수 있게 되었다.

즉

- 인간에 대한 모든 악에 대항하여 인간존엄성을 수호하려는 투쟁, 때로는 적마저도 사랑하는 수준까지.
- 모든 압제에 대항하여 자유를 수호하려는 투쟁, 때로는 자기를 버리는 자세까지.
- 모든 불의에 대항하여 정의를 수호하려는 투쟁, 때로는 자신의 권리를 스스로 희생하는 것까지.
- 모든 이기주의에 대한 투쟁, 때로는 자신이 가진 것도 포기하는 태도까지.
- 모든 폭력에 대항하여 평화를 수호하려는 투쟁, 때로는 무제한의 용서를 해주는 데까지.

그렇다면 나는 왜 근원적 그리스도교의 가치를 따르는가? 이에 마지막으로 명확히 할 세 번째 대답이 있다. 나는 오늘 살아있는 하나님의 영이요 성령인 예수 그리스도의 영을 믿으므로 무엇에 의지하고 추종할지 내겐 명확하다. 살아 있는 이 영은 나뿐만 아니라 많은 사람들을 참된 인간으로 인도해준다. 우리는 참된 인간으로 살아갈 뿐만 아니라 동시에 고난에도 직면한 존재이다. 인간으로 살아가고 또한 인간으로 죽는다. 긍정적이건 부정적이건 모두 행복과 불행을 함께 겪으면서 신에 의해서 우리는 유지되고 우리의 동료 인간과 함께 할 수 있다. 그러므로 우리는 그리스도인으로서 단순한 인본주의자가 아니며 참으로 철저한 인본주의자이다. 인간적이고 인도적인 진리, 선과 아름다움뿐만 아니라 너무나도 인간적이기도 하고 비인간적이기도 한 거짓, 악과 추악함마저도 포용할 수 있는 뿌리부터 인본주의자이다. 또한 고난과 투쟁 속에서도 모든 것들을 긍정적으로 포용할 수 있다.

6
그리스도인을 위한 기회

그리스도인이 되면 기회가 주어진다. 믿는 자이건 믿지 않는 자이건, 그리스도인이건 그리스도인이 아니건, 그리스도교의 근본가치를 추종하면 이 책의 첫 부분에서 제기했던 가치의 "위기"에 대한 답을 찾을 수 있다는 것은 분명하다. 개인의 삶과 사회생활에 새로운 방향, 새로운 차원, 새로운 토대 그리고 새로운 의미를 부여할 수 있는—성부, 성자, 성령의 『성경』의 "삼위일체"로 정의되는—근본적인 가치에 대한 추종이 그것이다. 혁명과 굴종의 사이에서, 지나치게 비판적인 급진주의와 안이한 순응 사이에서 가야 할 길이 보인다. 특별히 젊은 세대들을 위하여. 이 답에 대하여 실제로 각각의 인간이 어떻게 받아들일지는 물론 개개인 결단의 문제이다. 여기에는 어떤 강요도 강제도 있을 수는 없다. 그러나 이것만큼은 확실하다.

- 사람들—남자건 여자건, 성직자건 지식인이건—이 근본가치를 더 깊이 받아들일수록 더 큰 자유와 더 열린 마음을 얻고, 인간적이고 자애롭게 된다는 것이다.
- 기성세대는 이 근본가치를 더 깊이 받아들일수록 깊은 이해심을 가지고 그릇된 양보 없이 확고한 자세로 젊은 세대를 더 따뜻하게 대할 수 있다.
- 젊은 세대가 이 대안적 가치, 그리스도교 삶의 태도와 양식을 더욱 따른다면 허무함과 참혹한 좌절감 그리고 오늘날 만연된 불만과 반항은 그만큼 극복될 수 있을 것이다. 그리하여 젊은 세대가 더욱 참된 자존감과 자유의지를 갖게 되고 새로운 실존의식과 함께 동료 인간들을 위하여 최선을 다할 수 있게 된다.
- 정당이("그리스도교"를 지지하는 정당이건 아니건) 인간의 기본권, 정강과 가치 속에 이 영의 정신을 더 활성화시킨다면 시민으로서 인간들의 요구에 한발 더 다가설 수 있을 것이다. 그리고 이러한 정당이라면 권력 안에서 권력

만을 추구하지는 않을 것이다. 이 정당은 진정으로 인간을 위하여 봉사할 것이다.

- 교회가—가톨릭이건 개신교이건 정교회건—이름만 그리스도교가 아니라 더욱 그리스도교의 방식으로 실천한다면, 교회는 더 열린 자세와 개방적 태도를 가질 것이며, 사람들의 사랑을 받고, 진정한 신뢰를 받을 것이다.

물론 이 책의 서두에서 비판적으로 언급한 교회 내부의 문제도 더 쉽게 해결될 수 있을 것이고 사람들에게 정말로 희망을 줄 것이다.

제2장

우리는 어떻게 지킬 것인가?

"너희 가운데 누가 농사나 양치는 일을 하는 종을 데리고 있다고 하자. 그 종이 들에서 돌아오면 '어서 와서 밥부터 먹어라.' 하고 말할 사람이 어디 있겠느냐? 오히려 '내 저녁부터 준비하여라. 그리고 내가 먹고 마실 동안 허리를 동이고 시중을 들고 나서 음식을 먹어라.' 하지 않겠느냐? 그 종이 명령대로 했다해서 주인이 고마워해야 할 이유가 어디 있겠느냐? 너희도 명령대로 모든 일을 다 하고 나서는 '저희는 보잘것없는 종입니다. 그저 해야 할 일을 했을 따름입니다.' 하고 말하여라."

누가복음 17:7~10, 공동번역

1
1963-비전의 해

내가 1963년에 처음으로 미국을 방문한 이후 벌써 20년이 넘는 시간이 흘렀다. 그 해는 미국으로서는 희망의 한 해였고 미국 교회뿐만 아니라 전 세계 교회를 위하여도 그랬다. 사실 모든 사람들에게 희망의 한 해였다.

일련의 사건들을 예의주시하고 있던 사람들로서도 1963년은 위대한 비전의 해였다. 존 F. 케네디 미국 대통령은 "뉴 프런티어new frontier"의[23] 비전을 선언했다. 새롭고 위대한 발전, 사회 정의와 미국과 세계의 평화를 위한 프런티어를 말이다.

당시에 유럽에서 미국에 대한 반감은 수그러졌고 협조적 분위기와 미국에 대한 열광마저 감돌았다.

바로 전해(1962년)에는 제2차 바티칸 공의회를 개최하여 현대화aggiornamento라는 신앙의 비전을 통해 교회의 변화를 시도한 교황 요한 23세가 있었다. 가톨릭교회는 복음에 따라 새롭게 변모하였다. 그리스도교와 유대교는 새로운 관계를 설정하였으며, 그리스도교는 다른 세계종교들과 긍정적인 대화를 나누기 시작하였다. 그는 회칙[24]24에서 인간의 권리와 세계평화에 대하여 언급한 최초의 교황이다.

당시 우리 가톨릭 신학자들은 열성적으로 일했다. 우린 교황 요한 23세에 의하여 위원회의 자문단으로 임명되었다.—당시 나는 그들 중에 가장 젊었다.—우리는 교황의 비

23 미국의 제35대 대통령 J. F. 케네디가 1960년 대통령선거전에서 내세운 정치표어이다. 케네디는 대통령 취임연설에서 국가가 당면한 모든 문제를 타개하기 위해서는 미국 건국 초의 개척정신과도 같은 국민의 희생정신이 필요하다고 호소했다. 미국의 건국정신·개척자정신에 새로운 의미를 부여하여 사회복지의 구현, 인종차별 폐지, 경제성장을 이루고자 하는 의도였다.

24 전 세계 가톨릭 회에 교황이 발표하는 공식적 사목 교서를 말한다. 주로 교의, 윤리, 사회 문제들을 다루는 교황의 공적 교시이다.

전에 대하여 탄탄한 신학적 기반을 다지고자 노력했고 마지막까지 최선을 다했다. 우리는 초대를 받고 전 세계의 교회를 순회하였고 이를 통해 세계교회를 이해하게 되었다. 내가 미국에 처음 간 건 35살 때였다. 나는 동부지역에서 서북지역으로 이동하며 주로 "교회와 자유"에 대하여 강연을 하였다. 그것은 가톨릭계에서는 다루어진 적이 없는 뜻밖의 논제여서 많은 사람들의 관심을 받았다.

1963년은 분명히 비전의 해였다. 하지만 그건 착각이었을까? 그렇지 않다. 교회는 많은 결실을 얻었고 가톨릭교회와 다른 교회 모두 전과는 달라졌다. 예배, 신학 및 교회제도가 달라졌다. 가톨릭교로 보면 중세적인 모습과 반종교개혁의 흐름도 이젠 종결되었다. 새로운 일들이 이루어진 것이다. 물론 실망스런 점도 있었다.

2
실망스런 점

6개월 뒤 1963년 성령강림절에 교황 요한 23세가 선종[25]했다. 또한 1963년 11월 존 F. 케네디 대통령이 암살당했다. 우리가 희망을 걸었던 사람들이 떠난 것이다.

그러나 우리는 마음속에 그 비전과 희망을 여전히 가지고 있다. 그 후로 우린 결코 다음과 같은 신념을 버리지 않았다.

25 개신교에서는 소천(召天)이라고 한다.

- 새로운 사회는 가능하다. 더 평화롭고, 더 정의로우며 더 인간적인 사회.
- 새로운 교회와 새로운 신학은 가능하다. 인간의 희망과 요구 그리고 예수 그리스도의 복음에 더 부응하는 교회와 신학.

그렇지만 이러한 희망을 물거품처럼 무너뜨리게 할 만한 많은 사건이 터졌다.

- **정치 분야에서** 베트남전쟁, 워터게이트 사건, 오일쇼크, 경기침체, 세계적인 실업자 증가, 강대국들의 재무장.
- **교회 내적으로** 그러한 변화의 흐름에 제동을 걸기 시작하더니 결국 더 이상의 진전을 막아버린 후임 교황, 그리고 공의회 정신에 대한 로마교황청의 반감.

파울루스 6세[26] 때는 더욱 상황이 악화되었고 결국 전임 교황이 펼쳐놓은 희망의 빛은 꺼질 것 같아 보였다. 그 이후 새로운 교황이 취임하고서야 세상은 다시 활기를 되찾았

26 이탈리아의 성직자로서 1963년부터 1978년까지 로마 교황이었다.

다. 그러나 "미소의 교황"[27]이라고 불린 요한 바오로 1세는 보수와 진보의 대립 속에서 30일 만에 세상을 떠났다. 따라서 희망의 눈길은 수백 년 만에 처음으로 이탈리아 국적이 아닌 사람으로 사도 바오로의 성좌를 이어받은 요한 바오로 2세에게 놓여졌다. 그러나 로마는 교회의 쇄신, 그리스도인의 자유와 창의적 영성이라는 문제에는 문을 닫아 버리고, 교회 자체의 문제가 아닌 사회적 이슈에만 관심을 가졌다.

가톨릭교회 안에서건 밖에서건 로마가톨릭의 위계질서 안에서는 우리는 다음과 같은 모순점들을 해결할 수가 없었다.

- 한편으로는 세계적인 빈곤문제를 강하게 비판하였지만 다른 한편으로는 피임약은 부도덕한 것으로 금지했다.
- 인권은 선포되었지만, 교회 신학자들은 억압받고 통제받으며 무시당하기도 하였다. 성직자들은 결혼이 금지

27 다음과 같은 어록이 있다. "사람들이 나에 대해 무어라 말하나요?" "'미소의 교황'이라고 말합니다." 그때 요한 바오로 1세가 말씀하셨다. "우리의 믿음은 기쁨입니다. 미소 짓는다는 것은 믿음의 증거입니다."

되었다.

- 세상에는 개방적인 태도를 보였지만 여성은 교회 내에서 차별받았고, 성직자 임명은커녕 복사[28] 역할마저도 인정되지 않았다.
- 교회일치를 위한 독일, 스위스, 캔터베리와 콘스탄티노플 방문은 허용되었지만, 가톨릭의 성모 마리아 숭배는 다시 극단적인 모습으로 계속되었고 교황의 무류無謬[29]에 대하여 의문은 제기될 수 없었다.

그리하여 20년 동안 희망과 절망, 진보와 퇴행이 교차하였다.

- 많은 믿는 이들이 교회를 떠났고, 좌절하고, 체념하고 낙담하였다.
- 수만 명의 사제들이 교회를 그만두고 결혼을 하였다.
- 수만 명의 수녀들이 교회를 떠났다. 자신들에게 새롭고

28 미사에서 사제를 돕는 자.

29 교황이 전 세계 로마 가톨릭교회의 수장으로서 신앙 및 도덕에 관한 공식적 결정은, 하나님의 특별한 은총으로 말미암은 것으로 절대 오류가 있을 수 없다는 주장이다.

창조적인 그리스도교 적인 생활방식이 허용되지 않았기 때문이다.

- 전 세계적으로 많은 교회에서 예배에 참가하는 신자뿐만 아니라 세례 받거나 교회 내에서 결혼하는 사람도 놀랄 만큼 감소하였다.
- 사제 지원자의 부족으로 많은 교구에 사제가 없다.
- 나의 많은 친구들이 교회를 떠났고 나뿐만 아니라 다른 사람들에게도 함께 떠나자고 권유하였다. "교회를 그냥 내버려두게. 자네는 교회를 떠나서 다른 것을 하게나. 자네 같은 사람은 교회에 어울리지 않네."

그렇다. 우리는 이제 이런 교회에 계속 남아있어야 하느냐는 근본적인 질문에 직면하였다. 몇 년 전부터 나는 진지하게 고뇌하였고 다른 많은 사람들도 그랬다. 교회에 계속 잔류할 필요가 있을까? 우리는 교회를 지켜야 하는가?

3
교회를 수호할 사명

우리가 속한 사회 안에서 그리고 교회 안에서 우리는 다음과 같은 상황에서도 왜 인내하여만 하는가?

- 그럼에도 불구하고 교회와 사회에서 개선의 기미가 조금도 보이지 않는다면
- 세상이 바뀌고 변화의 물결이 우리에게 도전한다면
- 우리가 더 이상 현 교회당국과 함께 하지 못하고 저항하면서 무력해진다면

• 우리의 생각이 무시되거나 거부되고 심지어는 적의와 증오로 돌아온다면
• 그리스도교와 교회의 일원으로서의 자격이 제3자에 의하여 박탈되고 비난과 중상모략에 부딪힌다면

모든 사람이 나처럼 곤란에 처한 것은 아니며 모든 사람이 즉시 결단해야 하는 것도 아니라는 사실도 나는 안다. 그러나 근본적인 실망과 좌절을 맛보지 않은 사람이 있을까? 자신이 살고 있는 세계, 일터, 교회, 정치세계, 국가에서 이런 과격한 질문을 던지게 만든 실망과 좌절을 말이다. 우린 묵묵히 참아야만 하는가? 우리가 처음에 했던 것처럼 그냥 계속 하여야 하는가? 그 흔한 "현실주의자"이나 "냉소주의자"가 아니라 이상주의자로서 젊은 시절의 신념을 왜 우리가 고수하여야 한단 말인가?

우리가 인내해야만 하는 일반론적인 이유가 있다. 그것은 그리스도인이 아니더라도 동의할 수 있는 이유이다. 그것은 그 자체로 의미가 있는 일반원칙이다. 우리는 다음 이유로 인내하여야만 한다.

- 우리는 젊은 시절의 꿈을 버려서는 안 되기 때문이다.
- 세상이 바뀌고 우리가 처한 입장이 바뀌었다는 이유만으로 우리의 꿈을 팽개칠 수는 없기 때문이다.
- 외투를 바꿔 입듯이 쉽게 인생의 근본적 태도를 우린 바꿀 수는 없기 때문이다.
- 한결같은 자세, 강한 신념, 강직한 행동은 시류에 편승하는 속물근성의 상스러운 것과는 달리 세상의 근본도리이기 때문이다.

이것들이 타당한 이유가 되겠지만, 문제의 본질과는 거리가 멀다. 그리스도를 진심으로 추종하려는 신앙인으로서 좀 더 개인적으로 특별한 동기가 있다. 난 다음과 같은 이유로 인내한다.

- 수치로 나타낼 수는 없겠지만 우린 무언가 결과물을 만들어낼 수 있기 때문이다.
- 예수의 메시지의 빛으로 보면 힘없는 그룹, 미약한 힘, 작은 행위와 좌절이라도 결코 실패로 볼 수는 없기 때문이다.

- 나를 버틸 수 있게 했던 것을, 내 힘으로는 할 수 없는 일이 계속하여 실현되었기 때문이다.
- 고통 받고 십자가에 매달린 예수의 빛으로 보면 유약함에서 권능이, 미약함에서 위대함이, 낮춤에서 자아가 실현될 수 있기 때문이다.
- 따라서 그 교회 안에서도 좌절 속에서도 우리는 희망을 가질 수 있기 때문이다.

많은 사람들이 부정적인 의문을 제기한다. “교회 안에서도 희망을 가질 수 있다고?”

4
교회 내에도 희망이 있을까?

로마당국의 반발과 복고적 움직임에도 불구하고 나는 다음을 확신하다.

- 교회의 미래가 이미 시작되었다.
- 개혁의지는 일부 사람들만 가지고 있는 것은 아니다.
- 최근의 불필요한 교회 내의 의견대립은 극복될 수 있다.
- 과거에도 그랬듯이 최고 성직자, 신학계와 주교들은 진보적인 혁신요구를 이제는 수용하고 지원하고 있다.

- 가톨릭교회 내의 많은 사람들이 다른 교회에 속한 뜻있는 사람들의 지원을 받고 있다.

그러나 내게 더 중요한 것은 우리는 다음과 같은 희망을 가지고 있다는 것이다.

- 교회는 세상의 모든 시계를 멈추게 할 수 없으며, 세계의 진보를 막을 수도, 중세시대로 반개혁으로 돌아갈 수 없다.
- 오랜 기간 동안 예수 그리스도의 복음은 그 어떤 인간의 무력감, 불안감과 위선보다 더 강건하다는 것이 입증되었고 인간의 어리석음, 허약함과 냉소주의를 극복하는 힘을 발휘하였다.

내 생각으로는 이것이야말로 어떠한 교회 상황에도 우리가 교회에 있어야 할 이유이다. 그러나 우리는 교회를 지켜야 할 이유뿐만 아니라 어떻게 교회를 지킬 지도 알아야 한다.

5
우리는 어떻게 인내할 것인가?

많은 사람들이 내게 묻는다. "어떻게 교회 안에서 인내하겠다는 것인가?" 물론 우리 모두의 지혜를 모아야 한다. 나는 교회를 떠나는 사람을 비판하고 싶지는 않다. 우리는 모두 육체적으로나 정신적으로나 건강하여야 하고 긍정적인 태도를 가져야 한다. 마음을 비우고 평온함을 유지할 필요도 있다. 우리는 모두 무엇보다 어려울 때 함께 하여야 하며 또한 스스로 감내하여야 한다. 혼자만의 힘으로 저항하기엔 역부족인 것이다.

그러나 육체적으로나 정신적으로 건강이 나빠지거나 긍정적인 태도를 잃고 믿을 수 있는 동료마저 없다면 어떻게 할 것인가? 많은 대답이 나올 것이다. 하지만 나는 모든 것이 무너지더라도 내게 가장 중요한 것이 무엇인지, 무엇이 나를 지탱해줄 것인지, 그리고 내가 궁극적으로 의지할 것이 무엇인지를 간단하게 말하고자 한다.

즉, 이런저런 일로 평정심을 잃거나, 심하게 죄책감이 들거나, 희망이 모두 사라지거나, 동료들이 떠나거나, 인간에 대한 신뢰감마저 잃는 경우 말이다.

이런 상황에서 내가 그리스도인의 삶을 살기 위해 중요하게 여겨야 할 것은 무엇일까? 결정적으로 중요한 것은 무엇일까? 성공? 성취?

6
성공이 중요한 것은 아니다!

그렇다. 대부분의 사람들에겐 성공이 최상의 가치이더라도, 모든 사람들이 성공을 열망하더라도, 성공만을 최우선시하더라도 말이다. 그리스도인에게 궁극적으로 성공이 의미 있는 것은 아니다. 그리스도인에겐 발전하는 것과 성취하는 것, 인정받는 것이 중요한 것이 아니다.

그렇다고 그리스도인이 자신의 확신을 위해 투쟁하지 말라는 것도, 다른 사람을 설득하는 것을 포기하라는 것은 결코 아니다. 그러나 세상에서의 삶과 직업의 세계에서 또는 교회에서조차도 성공이 아무리 중요하더라도 결정적인 의미가 있는 것은 아니다. 나는 중대한 잘못을 저지른 적이 없는가? 내가 잘못을 저지르지 않을 것이라고 누가 감히 말할 것인가? 또한 그리스도인에게 실패 또한 중요한 것은 아니다. 성공이 중요하지 않듯이 실패도 내 인생에서 중요하지 않다.

결정적으로 중요한 것은 그와는 다른 것이다. 바로 어려운 환경에서도 커다란 고난과 죄책감 속에서도 낙담하지 말아야 한다는 것이다. 절대 절망해서는 안 된다. 좀 더 구체적으로 말해 변함없이 흔들리지 않는 신앙을 가져야 한다는 것이다. 흔들림 없이 무조건 믿는 신뢰를. 흔들림 없이 무조건 신뢰하는 신앙을. 이것은 아브라함과 이스라엘의 조상들에게도 결정적으로 중요한 것이었다. "아브라함은 하나님을 믿었고 하나님께서는 그의 믿음을 보시고 그를 올바른 사람으로 인정해 주셨다."(로마서 4.3.) 마리아와 예수의 첫 제자들에게 무엇이 결정적으로 중요하였을까? "주님께서 약속하신 말씀이 꼭 이루어지리라 믿으셨으니 정녕 복되십니다."(누가복음 1.45.) 소심하지만 인정이 많았고 예수로부터 깨달음을 얻을 수 있었던 베드로에겐 무엇이 결정적으로 중요했을까? 물결치는 물속에서도 그 위를 걸어 갔던 예수로부터. 예수 그리스도를 따라, 행위가 아니라 신자들에게 신앙과 무조건적인 믿음에 의한 의인[30]을 말했던, 바로 그 사도 바울에게 결정적으로 중요했던 것은 무엇이었을까? 바로 이 바울은 예수를 깊이 이해하였고 예수가 무엇을 중시했는지, 그리고 탕자의 비유, 바리세인과 세리의 비유, 포도밭 일꾼의 비유에서 나타난 예수의 메시지가 무엇인지 깊게 이해하였다. 이점에서 바울은 예수 안에서 그의 가르침, 일, 투쟁, 고난과 결국 그의 죽음 안에서 참의미가 무엇인지를 안 것이다. 바울은 바로 자기 자신과 우리에게 십자가에 매달려 아무것도 성취하지 못했던 십자가 예수를 증언한 것이다.

우리의 아버지이신, 바로 하나님에 의해서 의인[31]된 예수 말이다. 십자가의 예수님이 바울에게 보여준 것은 우리가 오직 신앙으로 의인된다는 것이다.

30 하나님으로부터 의로운 존재를 인정받음을 의미한다.
31 하나님이 인간을 의로운 존재로 인정함을 의미한다.

7
보잘 것 없는 신앙인

나는 한 사람의 신학자로서 그리스도인으로서 위대한 개신교 신학자 칼 바르트를 확고하게 옹호한다. 언젠가 그는 자신이 신학저술을 썼고 "선의"를 가졌으므로, 자신이 의롭다고 주장하지는 않을 것이라고 내게 말했다. 그가 보기엔 하나님 앞에서 자신이 할 수 있는 말은 하나였다. "하나님 아버지, 죄인인 저에게 자비를 베푸소서."

언제나 우리는 신의 은총에 의지해야 한다. 하지만 이는 개신교적인 태도가 아니냐고? 하지만 나는 이것이야말로 복음적인 것이라고 생각한다. 그러므로 나는 무엇보다도 『성경』 다음의 구절에 의존한다. "너희도 명령대로 모든 일을 다 하고 나서는 '저희는 보잘것없는 종입니다. 그저 해야 할 일을 했을 따름입니다.' 하고 말하여라."(누가복음 17.10.)

이 구절은 정말로 복음적인 것이다. 우리가 위대한 가톨릭 찬미가 "주님, 저희가 주님께 바라오니 부끄럼이 없으리다. 영원히!Te Deum: In te, domine, speravi, nonconfundar in aeternum!"에서 고백하듯이 그것은 가톨릭적이다.

이러한 신앙과 함께하는 희망과 믿음을 통해, 우리는 수동적이고 소극적인 삶을 살지 않도록 한다.

오히려 교회와 사회에서 더욱 능동적이고, 실천적이고, 열정적으로 살게 한다.

그리스도교에 비판적인 사람들은 말한다. 신이 인간의 자유를 제한한다고. 그러나 실상은 그 반대이다. 모든 것이 유한한 세상 안에서 무한한 자유에 참여함으로써 인간은 자유를 얻을 수 있다. 그리스도교를 비판하는 사람들은 말한다. 신은 인간을 노예화한다고. 그러나 실상은 그 반대이다. 신과 신의 의지에 참여함으로써 이 세상과 사회, 인간사의 권력과 소유의 노예상태로부터 자유로울 수 있다.

그리스도교를 비판하는 사람들은 말한다. 신은 모든 것에 "복종"과 "아멘"만을 강요한다고. 그러나 실상은 그 반대이다. 인간이 하나님과 함께하여야만 우리는 "아니요"라고 말할 수 있다.

따라서 신앙이란 우리에게 실천할 수 있게 하고, 자유를 주며, 결단력과 인내력을 선사한다. 아무리 작은 신앙이라도 그것으로 충분하다. "우리는 보잘 것 없는 종입니다."라는 말로도 신앙의 힘을 가질 수 있다. "사도들이 주님께 '저희에게 믿음을 더하여 주십시오.' 하니 주님께서는 '너희에게 겨자씨 한 알만한 믿음이라도 있다면 이 뽕나무더러 뿌리째 뽑혀서 바다에 그대로 심어져라 하더라도 그대로 될 것이다.'하고 말씀하셨다."(누가복음 17.5~6).

제3장

그리스도가 나누어졌다는 것인가?

"하나님은 진실하십니다. 그 분은 여러분을 부르셔서 당신의 아들 우리 주 예수 그리스도와 친교를 맺게 해주셨습니다. 형제 여러분, 나는 우리 주 예수 그리스도의 이름으로 여러분에게 호소합니다. 여러분은 모두 의견을 통일시켜 갈라지지 말고 같은 생각과 같은 뜻으로 굳게 단합하십시오. 내 형제 여러분, 나는 글로에의 집안사람들한테 들어서 여러분이 서로 다투고 있다는 것을 알게 되었습니다. 말하자면 여러분은 저마다 '나는 바울로 파다.' '나는 아폴로 파다.' '나는 베드로 파다.' '나는 그리스도 파다.' 하며 떠들고 다닌다는 것입니다. 그렇다면 그리스도가 갈라졌다는 말입니까? 여러분을 위하여 십자가에 달린 것이 바울로였습니까? 또 여러분이 바울로의 이름으로 세례를 받았단 말입니까? 나는 여러분 가운데서 그리스보와

가이오 밖에는 아무에게도 세례를 베풀지 않은 것을 하나님께 감사드립니다. 그러니 여러분이 내 이름으로 세례를 받았다는 말은 아무도 할 수 없을 것입니다. 하기는 스테파노 집안사람들에게도 세례를 베푼 일이 있으나 그 밖에는 아무에게도 세례를 베푼 기억이 없습니다. 그리스도께서는 세례를 베풀라고 나를 보내신 것이 아니라 복음을 전하라고 보내셨습니다. 그것은 인간의 말재주로 하라는 것은 아니었습니다. 인간의 말재주로 복음을 전하면 그리스도의 십자가는 그 뜻을 잃고 맙니다. 멸망할 사람들에게는 십자가의 이치가 한낱 어리석은 생각에 불과하지만 구원받을 우리에게는 곧 하나님의 힘입니다."

고린도전서 1,9~18

1
교회를 분열시키는 교파들

바울 서신은 예수 사후 약 20년 뒤에 고린도의 그리스도교 공동체에게 쓴, 『신약성서』 최초의 주요한 문서이다. 물론 당시에도 긴장, 분열, 분리, 종파 논쟁이 있었다. 베드로, 바울, 아폴로의 이름으로 심지어는 그리스도의 이름으로 논쟁이 있었다. 시대착오적인 측면은 있었겠지만, 오늘날의 분열상황과 그것은 유사하다.

첫째 가톨릭이 있다. 다른 종파의 반대에도 불구하고 베드로의 수위首位성, 베드로의 권능과 사도의 권위라는 이름으로 베드로를 우선시하는 베드로의 종파이다.

둘째 정교회가 있다. 위대한 그리스 사상과 함께 무엇보다도 더 찬란하고, 뚜렷하고, "의로운" 또는 "정통적인" 계시를 제시하는 아폴로의 종파이다.

셋째 개신교가 있다. 공동체의 지도자, 진정한 사도이자 그리스도의 십자가를 독특하게 선포했고, 누구보다도 열심히 사역했던 바울의 종파이다.

마지막으로 자유교회가 있다. 권위를 내세우고 틀에 박힌 신앙고백을 강요하는 대大 교회에서 벗어나, 영적인 스승으로서의 그리스도에 따라 공동체적인 삶을 추구하려는 그리스도 자신의 종파이다.

그런데 바울은 어떤 종파를 인정한 것일까? 당연히 가톨릭은 마태가 교회의 반석이라고 언급했던 베드로 파라고 주장할 것이다. 그러나 바울은 아폴로도 인정하지 않았듯이 베드로에 대해서도 침묵하였다.

그러나 정말 놀라운 점은 바울은 자신을 따르는 것조차 인정하지 않았다는 것이다. 왜? 특정인을 중심으로 한 파벌이나 자신들의 이익을 목적으로, 십자가의 형벌을 받지 않은 사람을 또는 세례를 베풀지 않은 사람을 이상화하는 것을 바울은 원치 않았기 때문이다. 즉 그들은 바울의 이름으로 세례를 받은 것이 아니라 십자가에 매달린 그리스도의 이름으로 세례를 받았기 때문이다. 그러므로 공동체를 만들었던 바울의 이름으로도 분파를 만드는 것이 허용되지 않았다.

오늘날 이 책이 교회일치를 위한 핵심을 제시한 것은 바로 이점이다. 그 어떤 교회도 그 명칭, 조직, 권위와 분야를 표방하여 교회를 분리시킬 수 없다는 것이다. 이것은 실질적으로 무슨 의미일까?

그것은 『신약성서』의 관점에서 베드로는 교회와 교회일치를 위한 반석일지는 모르지만 그리스도 교회의 기준이 될 수는 없다는 것이다.

그리스 정교회가 이해했듯이, 전승은 교회 그리고 교회의 연속성과 영속성을 위한 기준이 될 수는 있지만 정통과 이단을 구분하는 기준점이 될 수는 없다.

바울 신학적인 성격을 지닌 개신교의 『성서』 구절이 교회 그리고 교회의 신앙과 신앙고백에서 근본적인 것이고 그리스도교의 기반이 되는 것일지라도 그것을 위반한 자에게 돌을 던지게 할 수 있는 근거가 될 수는 없다.

마지막으로 자유교회 전통은 주 예수 그리스도를 타종파와의 분쟁을 위한 방패로 오용되어는 안 된다.

바울은 고유의 형태, 전통과 교의를 가진 종파들에 대하여—아무리 이들 종파가 그들의 정당함을 입증하더라도—이들을 상대화시켜버리는 "그리스도가 갈라졌단 말인가?"라는 질문과 함께 대처하였다.

하지만 예수 그리스도의 이름으로 모두 세례를 받은 우리 그리스도인이 함께 같은 예수 그리스도를 기억하여 성찬을 나눈다면 바울은 뭐라고 말할까? 주 예수의 기억의식 memoria Domini, 성만찬聖晩餐, Eucharist, 추수감사절, 교회 안의 교제koinonia, 교회 안의 친교, 다시 말해 교회 간에 일치된 공통의 성찬을 나누는 것을 바울이 본다면 어떨까?

바울은 분명 우리에게, 교회의 종파와 그 지도자들에게 "그리스도가 갈라졌다는 말인가?"라는 질문을 할 것이다. 교회는 거의 5백 년 전 그리고 9백 년 전 분열된 채 유지되어 왔다.[32]

바울은 분명히 "성찬식을 공유하는 그리스도교 공동체는 인종, 교육수준과 성별에 관계없이 그리스도 안에서 하

32 5백 년 전에 종교개혁으로 개신교가 9백 년 전에 정교회가 분리되었다.

나가 된다."라고 할 것이다. "유대인이나 그리스인이나 종이나 자유인이나 남자나 여자나 아무런 차별이 없습니다. 그리스도 예수 안에서 여러분은 모두 한 몸을 이루었기 때문입니다."(갈라디아서 3.28.)

정치적이고 사회적인, 문화적이고 성적인 분쟁을 성만찬을 통하여 극복할 수 있다면 종파적 분열을 극복하지 못할 것은 없지 않을까?

2
분열의 극복

그러나 제도권 교회의 공적인 의견은 다르다. "우리는 성만찬에 대하여 다르게 이해하며 신앙에 대하여도 의견이 다르다." 분명 교회마다 신학은 다를 수 있다. 그렇다고 신앙도 다르단 말인가? 많은 교회가 종파간의 통합 문제에 관한 공적 견해를 내고 있다. 1983년에 공동 발행한 「교회일치를 위한 백서Dokumente wachsender Übereinstimmung」는 700쪽에 달한다!

그런데 이 문서에 담긴 내용들은 왜 실행되지 않는가? 성만찬에 관련한 신앙의 분열은 종식되어야 한다. 물론 이것은 많은 그리스도인의 오랜 소망이기도 하다. 그것은 가톨릭교회의 공식적인 대표자들이 세계교회협의회의 신앙직제위원회Commission for Faith and Order와 공동으로 20년 동안의 각고의 노력 끝에 "세례, 성만찬과 직제"라는 이름으로 1982년 페루 리마에서 공식적으로 발행한 "교회일치를 위한 선언문"의 핵심내용이다. 리마의식Lima Liturgy[33]은 동위원회에 의하여 마련되었고 또한 거기에서 처음 행해졌다. 리마 의식은 교회일치를 추진하는 독일 가톨릭주교와의 긴밀한 협의 하에 최근 밴쿠버에서 열린 세계교회협의회 총회에서 행해졌을 뿐만 아니라 독일의 많은 개신교와 가톨릭공동체에서도 행해졌다.

우리는 교회일치기념행사에서 특히 성만찬을 위하여 모든 분파의 그리스도인이 공동으로 기도하고, 하나님을 찬미하고 감사를 드리기 위하여 이 의식을 사용했다.

이 공동 감사의식은 물론 공동 성만찬의 한 부분이다.

리마선언과 리마의식은 16세기부터 지속된 교회 분열을

33 1983년 캐나다의 밴쿠버에서 모였던 제6차 세계교회협의회에서 열린 최초의 공동 성찬예식이다.

확실하게 극복한 것이다! 그런데 여기서 특별히 놀라운 것은 이 선언문에는 두 가지 중요한 논쟁점에 대한 내용에 대한 내용이 일언반구도 없었다는 것이다. 예배에서 사용되는 언어[34]와 성찬식에서 평신도에게 성배를 줄 것인지의 문제[35]에 대하여 말이다.

(450년 전에 로마당국이 이 두 가지 문제에 대하여 좀 더 개방적인 태도를 보였다면 얼마나 많은 종교전쟁을 막을 수 있었을 지에 대하여는 반성할 만한 가치가 있다. 사제의 결혼문제도 그렇다.)

교리의 차이도 근본적으로 해소될 수 있다고 본다. 여기서는 중요한 네 가지 논쟁점만 간략하게 언급하고자 한다 (이것은 리마문서의 해설집에서 볼 수 있다.).

- 첫 번째 논쟁은 성찬의식이 속죄의 희생의식인지 여부이다. 의식 있는 가톨릭 인이라면 누구도 성찬의식을 십자가 희생을 사제가 재현하는 것이라고 생각하지 않는다. 반면 성찬의식에서 예수의 희생이 현현된다는 가톨릭계

34 교황 바오로 6세는 그때까지 서로 적대해온 유대교, 동방정교, 개신교 등과 대화하려 했으며 라틴어 예배의식의 강요를 포기하고 모국어 미사를 허용하는 공의회의 결의를 이끌어냈다.

35 전에는 성찬에서 포도주를 평신도는 마시지 못했다.

의 주장은 개신교 측이 주장하는 십자가 희생의 유일성과 상충하는 것은 아님을 알 수 있다.

그러므로 모든 그리스도인은 다음과 같은 리마선언에 동의할 수 있다. "성찬식은 우리 인간을 위하여 행한 영원한 그리스도의 유일한 대속代贖 희생의례이다. 그것은 세상을 구원하려는 하나님의 은총에 감사하는 것이다."

- 두 번째 논쟁은 예수 그리스도가 실제로 빵과 포도주의 형태 안에서 성변화聖變化[36]하는가이다.[37] 성찬을 통하여 예수님과 하려면 인간의 신앙이 필요하다고 생각하는 의식 있는 가톨릭 인은 없다. 또한 의식 있는 개신교인이라면 예수와 함께 함이 인간의 신앙과는 아무런 관련이 없다고 생각하지 않는다.

36 성찬에 대한 신학적 해석 중 가장 오래된 것이다. 성찬 의식에 사용되는 빵과 포도주가 사제를 통해 예수의 피와 살로 변한다는 교리다.

37 성찬논쟁이라고 부르는 것으로 성찬식에서 그리스도의 몸과 피로서 신자가 수령하는 빵과 포도주가 형질의 변화를 이루어지는지, 상징적인 변화에 그치는지를 둘러싼 논쟁이다.

따라서 모든 그리스도인은 성찬은 "그리스도의 몸과 피, 그의 성변화의 성체聖體이다. … 교회는 성찬에서 그리스도가 실재하고, 살아있고, 활동하심을 고백한다.…성찬에서 그리스도와 함께 하려면 개개인의 믿음이 필요한 것은 아니지만 그리스도의 몸과 피를 식별하기 위하여 신앙이 필요함을 인정한다."라고 선언한 리마문서를 받아들일 수 있다.

- 세 번째 논쟁은 성찬식의 은총 즉 성변화聖變化 논쟁이다.[38] 오늘날 의식 있는 가톨릭 인이라면 성찬을 통하여 그리스도가 함께 함을 중세시대와 반종교개혁운동[39]에서 전개된 성변화에 의해서만 설명해야한다고 주장하지는 않을 것이다. 또한 의식 있는 개신교인이라면 성변화를 믿을 수 없다고 무시할 수만은 없을 것이다.

그러므로 모든 그리스도인은 다음과 같은 리마 선언에

38 성찬 때 빵과 포도주가 예수 그리스도의 거룩한 몸과 피로 변화된다는 믿음이다.

39 종교개혁에 의하여 프로테스탄트가 성립되고, 그 세력이 커지자, 그에 대항하여 가톨릭이 내부로부터의 개혁을 꾀한 것을 말한다.

동의할 것이다. "교회의 역사에서 성찬에서 그리스도가 특별하게 함께 하신다는 신비를 이해하려는 다양한 시도가 있었다. 어떤 사람들은 그것을 머리로 이해하려 하지 않고 믿었다. 어떤 사람들은 성찬에서 그것은 단지 빵과 포도주가 아니라 성령과 그리스도의 말씀으로 그리스도의 몸과 피로의 변화라고 주장하였다."

- 네 번째 논쟁은 누가 성찬에 참여할 수 있는가이다. 오늘날 의식 있는 가톨릭 인이라면 평신도를 대신하여 사제만이 성찬식을 할 수 있다고 주장하지 않을 것이다. 마찬가지로 의식 있는 개신교인이라면 그리스도인은 누구나 언제든지 어떤 방식으로든 성찬을 할 수 있다고 주장하지는 않을 것이다.

그러므로 모든 그리스도인은 다음과 같은 리마 선언에 동의할 것이다. "성찬에 우리를 초대하고 주관하시는 것은 그리스도이다. … 대부분의 교회에서 성찬은 임명된 교회 책임자에 의하여 주최된다. … 성찬을 진행하는 성직자는 신의 대리자이며 보편 교회에서 지역공동체 간의 유대감의 대리자이다."

교회일치를 위한 수많은 논의 끝에 가톨릭교회는 개신교 성직자와 그 성찬의 유효성을 인정할 때가 되었다. 오래전 1971년 성령강림절에 수천 명의 사람들이 아우구스부르크에 자발적으로 모여 진행한 교회일치를 위한 회의에서 그들의 열망을 교회의 모든 지도자들에게 알렸다. 그것은 공동 성찬식이 교회일치를 추구하는 공동체와 다른 종파를 가진 부부에게, 그리고 이를 원하는 모든 교회에서 모든 그리스도인에게 가능하여야 한다는 염원이었다. 교회는 공동 성찬식에 어떤 반대도 해서는 안 된다.

그런데 왜 우리는 이를 위한 발전적 조치를 공식적으로 실행하지 못하는가?

왜 우리는 지금도—대체로 개신교와 가톨릭 모두가 그랬다.—편협함, 정통성에 대한 우려, 불신과 두려움과 함께 이것에 대항하고 있는가? 뷔르츠부르크 교회회의와 교황 방문에도 불구하고 왜 교회일치를 위한 실질적인 결과를 낳지 못했는가?

3
불경한 사람은 나가라!

교회일치를 위한 일을 하는 사람들은 다음을 알게 된다. 교회일치를 위한 위원회는 세계적으로 역량 있는 사람들로 구성될 수 있다. 이들은 성서주해, 역사신학과 조직신학의 저명한 전문가일 것이다. 그래서 이들은 신학적으로 문자 그대로 완벽한 교회일치에 관한 문서를 만들 수 있다. 그러나 참된 정신이 없으면 실질적인 교회일치를 위한 진전은 이루어질 수 없다. 참된 정신이란 단지 우애나 동료, 시대정신이나 인간정신을 의미하는 것은 아니다.

그것은 서방 그리스도교와 동방 그리스도교가 갈라진 지 9백 년이 지나고 가톨릭교회와 개신교교회가 갈라진 지 5백 년이 지났음에도 불구하고 여전히 다음과 같이 주장하는 흐름에 대항하는 참된 정신을 의미한다.

- 교회일치, 파문[40]의 폐기, 성찬식의 복구, 공동 성찬식을 위한 시기는 아직 아니다.
- 많은 사람들이 만나 수많은 논의를 하였지만 그 결과가 무시되고 있는데도 불구하고 더 많은 위원회와 교회 회의가 필요하다.
- 오랜 세월동안 일치를 위한 기도를 그렇게도 많이 했음에도 불구하고 계속 기도하여야만 한다.
- 인간, 국가와 공동체, 교파가 다른 부부와 가족이 겪은 고통을 그렇게도 오랫동안 하늘에 호소하였음에도 불구하고, 교회의 분파 안에서 고통을 더 인내하여야 한다.

40 1054년, 콘스탄티노플 총대주교와 로마 교황은 로마 교황의 권위 또는 권한이나, 세계총대주교라는 칭호가 의미하는 권위에 대한 차이가 사절 교환 시에 문제가 제기되어, 상호 파문하였다. 이 사건을 교회의 대분열이라고 부른다. 개신교와 가톨릭도 유사한 길을 걸었다.

악령 쫓기라도 하고 싶다. "불경한 자는 나가라!" 분열시키고 분열을 지속시키려는 자는 나가라! 교회, 교수단, 당국과 위원회에서 나가라! 사람들의 마음에서 떠나라! 길을 비켜라!"

사랑과 능력, 조화와 하나 됨과 하나님 자신의 권능인, 성령을 위하여 나가라. 성령은 신비하고 마법 같은 유동체나 애니미즘적인 마법의 실체가 아니라 권능이며, 우리가 붙잡으려하지만 잡을 수 없고 버릴 수도 없으며, 생명을 창조하고 우리를 인도한다.

하나님의 영은 알 수 없는 힘이 아니다. 인간에 의해 죽임을 당하고 당신의 신앙으로 죽음으로부터 하나님의 영원한 삶으로 떠받들어진 후에야 인간이 알게 된 이름이다. 또는 바울이 로마인에게 보낸 편지에 나타난 고대의 신앙고백처럼 "거룩한 신성으로 말하면 죽은 자들 가운데서 부활하심으로써 하나님의 권능을 나타내어 하나님의 아들로 확인되신 분입니다. 그분이 곧 우리 주 예수 그리스도이십니다." (로마서 1.4.) 성령은 예수 그리스도의 영이요 성령의 확실한 증표는 자유이다. "주님은 곧 성령입니다. 주님의 성령이 계신 곳에는 자유가 있습니다."(고린도후서 3.17.) 이것은 은사이며 은총이다!

- 임하소서. 성령이여veni, sancte Spiritus－이것은 그리스도교가 아직 분열되지 않은 시기에 쓰인 성령강림절의 도입 부분이다. 성령은 부를 수 있는 것이 아니다.—우리는 간청할 수만 있으며 요청할 수만 있다.
- 허물을 씻어 주소서Lava quod est sordidum－더러운 것을 씻어라! 교회의 자만을 고백하고 우리 죄로부터 사하여 주소서.
- 병든 것을 고쳐주소서Sana quod est saucium－상처를 고쳐주소서! 부당한 교회법에 희생당한 사람과 교회 안에서 정당한 대우를 받지 못한 사람을 도와야 한다.—특히 여성을.
- 메마른 대지에 물을 주소서Riga quod est aridum－가뭄에 물을!

교회에서 축출되거나 소외된 사람들을 복권시키고 특히 젊은이들을 새로운 희망으로 살게 해주어야 한다.

• 굳은 것 굽히소서Flecte quod est rigidum–교회의 위계질서와 신학자은 오만을 겸허히 내려놓고 잘못된 권위를 없애 모든 것이 과거와 같지 않게 하여야 한다.
• 찬 것은 덥히소서Fove quod est frigidum–모든 고통과 우려, 편견과 구속을 제거하고 무한한 사랑으로 우리의 마음을 열어야 한다.
• 빗나간 것은 이끄소서Rege quod est devium–오류와 편견을 불러내어 교회와 사회를 진리, 정의와 평화로 이끌어야 한다.

우리 모두를 위한 나의 바람은 성령을 믿고 그 신앙의 힘으로 살아가는 것이다. 살아가는 힘—살 수 있는 여력!—인내하고 지킬 수 있는 힘 말이다. 그리하여 그리스도인의 자유, 진실과 일치로 인도하는 성령의 힘에 대한 믿음과 함께 우리 모두 전진해 나가자. 그리스도의 평화가 우리와 함께!

한스 큉 박사께서는 우리의 순수한 의도를 아시고 흔쾌히 번역을 승낙하셨다. 또한 한국어판 서문을 써주셨고 한국 독자에게 본인의 글이 전달되는 것을 무척 기뻐하셨다. 체력이 허락된다면 한국 독자들을 만나고 싶어 하셨다. 마침 올해는 베네딕토 교황께서 서울을 방문하는 해에 이 책이 발간되는 것에 대해서도 즐거워하셨다. 호남신학대학 신재식 교수의 많은 조언도 감사를 드린다. 우린 청산도를 방문하는 길에 광주의 호남신학대학을 방문했다. 신재식 교수는 친절하게 유서 깊은 대학을 소개해 주셨을 뿐만 아니라 이 책의 추천사를 써주기로 하였다.

많은 분들이 추천사를 써주셨다. 한 번도 뵙지 못했음에도 신재식 교수의 소개로 선뜻 추천사를 써주신 동명이인인 평신도 신학자이신 김근수님께 진심으로 감사를 드린다. 늦은 나이에 신학대학원에 진학하여 그리스도교의 복음을 전하는 연세대 경영학과 동기동창인 강현구 목사에게 감사를 드린다. 오랫동안 그리스도교의 가르침을 상담해준 후배 손원영 목사에게도 고마움을 전한다. 마지막으로 오랜 친구이고 히말라야등반, 암벽등반의 세계를 알게 해주고 나와 많은 것을 함께한 정갑수 박사에게도 감사를 드린다. 과학저술가로 출판사 대표로 산악인으로 물리학 박사로 나의 지적 탐구에 과학적 조언자의 역할을 해준 것에 늘 감사한 마음을 가지고 있다. 그리스도인이 아님에도 과학 전문 출판사에서 이 책을 출판하기로 한 것에도 고맙게 생각한다.

이 책을 번역하면서 교정과 의견을 듣기 위하여 많은 사람들의 도움을 받았다. 특히 김근수가 멘토링을 하고 있는 연세대학교 후배들인 문진규(전기전자공학 2006), 박태윤(물리 2009)과 권필근(경영 2009)의 도움이 컸다. 우리의 번역본을 일일이 읽고 교정과 의견을 제시하고, 그리스도인이 아닌 사람으로서 많은 의문과 이해의 어려움에도 불구하고 정성껏 의견을 주었다. 이들을 통하여 이 책의 번역이 완성되었음을 알린다. 진심으로 감사를 드린다.

- 저자 · 역자 소개 -

지은이 한스 큉Hans Küng

저자 한스 큉은 1928년 스위스 수르제에서 태어났다. 로마 교황청 그레고리오 대학교에서 철학과 신학을 공부한 뒤 1954년 가톨릭 사제로 서품을 받았다. 파리의 소르본 대학교와 가톨릭 대학교에서 학업을 계속하여 1957년 신학박사 학위를 받은 뒤, 1959년까지 스위스 루체른에서 사목 활동을 하다가 1960년 독일 튀빙겐 대학교의 가톨릭 신학 교수가 되었다. 1962년 제2차 바티칸 공의회의 신학 자문위원으로 활동하기도 했으나, 1979년 가톨릭교회의 전통 교리에 대한 비판이 파문을 일으켜 바티칸으로부터 신학 교수직을 박탈당했으며 이 일은 국제적 논쟁을 불러 일으켰다. 그러나 이후 20년 동안 튀빙겐 대학의 '에큐메니칼 신학 교수'로 재직했으며 세계종교인평화회의 의장을 역임했고, 튀빙겐에 있는 세계윤리재단(Stiftung Weltethos)을 이끌고 있다. 지난 수십 년 동안 그의 저술과 강연은 가톨릭 신학의 영역을 뛰어넘어 세계 신학계 전반에 큰 도전이었다. 우리말로 번역된 그의 저서로는 《그리스도교》, 《왜 그리스도인인가?》, 《교회란 무엇인가?》, 《신은 존재하는가?》, 《문학과 종교》, 《중국 종교와 그리스도교》, 《세속 안에서의 자유》, 《세계 윤리 구상》, 《믿나이다》, 《한스 큉, 과학을 말하다》, 《그리스도교 여성사》 등이 있다.

옮긴이 김근수

김근수는 연세대를 졸업하고 공인회계사로서 지금까지 30년간 회계사와 경영컨설팅을 해왔다. 모든 사람들이 그렇듯이 종교뿐만 아니라 철학과 과학에 관련된 공부를 하였지만 특히 종교에 관심을 가졌다. 결국 서강대학교 종교학과 박사과정에 입학해서 수료를 하였다. 여러 종교에 관심을 가지고 있지만 그리스도교에 대하여는 한스 큉 신부에게 특별한 관심과 애정을 가지고 있다.

옮긴이 윤세웅

윤세웅은 한국외국어대학을 졸업하고 스위스 로잔의 IMD에서 경영학 석사(MBA)과정을 마쳤다. 이후 런던 싸치앤싸치(글로벌 광고회사)에서 10년간 근무한 뒤, 야후와 오버추어를 거치면서 검색 알고리즘에 관해 깊은 연구를 하였고, 종교학에 관심이 옮겨져서 서울대학교 종교학과 대학원을 수료하게 되었다. 두 사람은 비록 다른 길을 걸어갔지만 종교학에 관한 공통의 관심사에 깊이 천착했다. 마침 한스 큉 박사의 최근 저서를 함께 번역하기로 맘을 먹고, 틈틈이 회사 일을 하면서 번역을 하였다. 두 사람은 전문 번역가는 아니지만 종교학에 관한 관심과 한스 큉 박사에 대한 애정을 가지고 좋은 글을 소개하게 되었다.